ÉTUDE HISTORIQUE

SUR LA

CAPITULATION

DE BAYLEN.

PARIS. — Typographie de Firmin Didot frères, rue Jacob, 56.

ÉTUDE HISTORIQUE

SUR LA

CAPITULATION

DE BAYLEN,

Renfermant des documents authentiques et inédits, comprenant une narration détaillée

DE LA

CAMPAGNE DE 1808, EN ANDALOUSIE,

ET PRÉCÉDÉE D'UNE

NOTICE BIOGRAPHIQUE

SUR

LE LIEUTENANT GÉNÉRAL COMTE DUPONT,

ANCIEN MINISTRE DE LA GUERRE;

PAR E. SAINT-MAURICE CABANY,

DIRECTEUR ET RÉDACTEUR EN CHEF
DU NÉCROLOGE UNIVERSEL DU XIXᵉ SIÈCLE.

Troisième édition.

EXTRAIT

DU NÉCROLOGE UNIVERSEL DU XIXᵉ SIÈCLE,
REVUE GÉNÉRALE BIOGRAPHIQUE ET NÉCROLOGIQUE,
Rue Cassette, 8, faubourg Saint-Germain.
PARIS. — 1846.

L'étude historique que j'offre aujourd'hui au public a déjà paru dans le *Biographe universel, Revue générale biographique et littéraire* (année 1844).

Cet ouvrage, qui n'avait été imprimé séparément qu'à un nombre fort restreint d'exemplaires, n'était donc connu que des souscripteurs particuliers à cette *Revue.*

Sollicité de tous les côtés de donner une nouvelle édition de ce travail, j'ai pensé qu'il était de mon devoir de satisfaire à un désir si général, et qui m'est exprimé depuis fort longtemps.

Je n'ose me flatter d'avoir tout dit sur le déplorable événement dont je me suis fait l'impartial historien ; mais mon but sera du moins atteint si je puis appeler l'attention publique, ainsi qu'une consciencieuse discussion, sur un point encore si obscur et si mal apprécié de nos annales militaires contemporaines.

15 juillet 1846.

E. SAINT-MAURICE CABANY.

INTRODUCTION.

Celui qui n'a pris aucune part aux événements peut seul les observer avec impartialité, examiner les divers partis, peser les motifs qui les ont fait agir, et écrire l'histoire avec liberté et indépendance.

Dégagé de toute entrave, et sans motifs de haine ou de prévention, nous voulons présenter sous un nouveau jour plusieurs faits de l'histoire contemporaine, qui, jusqu'à présent, ont été étrangement défigurés par le despotisme, la jalousie et la malveillance.

En parcourant les annales des peuples, on remarque souvent un seul homme fatalement aux prises avec la calomnie. Un courage éprouvé, la vertu la plus pure, une réputation exemplaire, la gloire la plus brillante, ne peuvent écarter de lui les traits envenimés d'une aveugle passion. D'un trait, on prétend rayer les plus belles pages d'une illustre existence, pleine de dévouement, de patriotisme et de fidélité, pour leur substituer, tracés en caractères sanglants, les mots honteux de cupidité, d'égoïsme ou de trahison.

Quelquefois, par malheur, la foule ignorante accepte cette sentence comme infaillible, et après avoir en vain lutté pendant bien des années, épuisé ses forces en chaleureuses dénégations et en sublimes défenses, la victime, seule contre tous, se renferme dans un douloureux silence, et se résigne à son triste sort. Alors, spectacle affligeant! un front ceint d'une glorieuse auréole paraît se courber devant les accusations et l'arrêt de cette multitude qui, loin d'avoir étudié et approfondi la question avant de la juger, accable de sa malédiction un homme dont elle ne connaît seulement pas la vie.

Cette horrible injustice, qui ne se représente que trop, hélas! de nos jours, nous a douloureusement frappé.

Nous nous sommes demandé comment il se faisait qu'un esprit ardent et généreux n'entreprît pas de porter le flambeau investigateur d'un attentif examen au sein de ces existences naguère encore si chères à la patrie avant leur chute, afin de présenter à la barre du public, d'abord les faits purgés de la souillure qu'y avait imprimée la médisance, et ensuite le plaidoyer nécessaire à une entière réhabilitation; comment il se faisait qu'un habile architecte ne se chargeât pas de reconstruire, à force de travail et de recherches, l'édifice de ces événements, appuyé de leurs raisons et de leurs causes, de manière à ce qu'une démonstration devînt possible, et qu'une vive clarté vînt éclairer ces faits plongés jusqu'alors dans les épaisses ténèbres.

Eh bien, nous l'avons entreprise cette tâche. Nous n'ignorons pas combien de clameurs vont surgir autour de nous, vont s'accumuler sur le travail consciencieux de notre plume ; à combien de réclamations nous serons en butte. Mais le courage ne nous manquera pas.

Armé d'une énergique résolution, nous marcherons sans crainte dans la voie que nous nous ouvrons aujourd'hui.

LE COMTE PIERRE DUPONT,

LIEUTENANT GÉNÉRAL,

MINISTRE DE LA GUERRE ET MEMBRE DU CONSEIL PRIVÉ DU ROI LOUIS XVIII,

MEMBRE DE LA CHAMBRE DES DÉPUTÉS,

GRAND CORDON DE LA LÉGION D'HONNEUR, GRAND OFFICIER DE

SAINT-LOUIS, ETC., ETC.

MORT A PARIS, LE 9 MARS 1840.

Dux peritus sed infelix.

Les vicissitudes de la guerre ne sont ignorées de personne. Le bonheur des armes n'a jamais été constant, et la vie des plus grands capitaines confirme cette expérience de tous les

siècles. Lorsque des contre-temps inévitables traver-
sent la carrière d'un chef militaire connu par des
faits honorables et importants, l'historien digne de
ce nom doit être plus que jamais réservé dans ses ju-
gements, et plus attentif à peser dans une juste ba-
lance les effets de la fortune favorable ou contraire.
Lorsque surtout ce chef militaire peut opposer de
nombreux succès à un seul revers, l'historien doit
venger les droits de l'expérience et le soutenir,
dans l'opinion publique, contre les chances, souvent insurmontables, qui l'ont trahi. Mais si la
vérité, qui doit être l'objet de toutes les recherches de l'historien, est facile à reconnaître dans
les événements ordinaires, il en est autrement
lorsqu'ils se trouvent compliqués et obscurcis par
des intérêts contraires, ou par les injustices du
pouvoir et de l'opinion. Il faut alors plus de sagacité pour saisir la réalité des faits, et plus d'élé-
vation dans l'esprit pour la produire au grand
jour.

Beaucoup d'écrivains ont ouvertement violé ce
devoir. Loin de rappeler les faits honorables qui
appartiennent aux personnages dont ils retra-
cent la vie, ils en laissent volontairement igno-
rer un grand nombre qui, souvent, ont eu du
retentissement et jeté un vif éclat. Ils présentent
les faits qu'ils dépeignent sous un point de vue
particulier, et écartent le vrai jour dont ils doivent être constamment éclairés. Ils prononcent
des décisions dénuées de tout fondement, et don-
nent, avec une étrange confiance, leurs propres

vues sur les actions que ces personnages auraient
dû exécuter dans les circonstances où ils se sont
trouvés. Ils se livrent à des agressions plus odieu-
ses, et ils se permettent d'émettre des inculpa-
tions, qu'ils empruntent souvent, en les enveni-
mant encore, aux actes les plus arbitraires des
gouvernements et à la haine des partis politiques.

L'historien sérieux, en lisant ces passages évidemment dictés par la mauvaise foi ou par une
étude peu approfondie des faits, se sent pris en
même temps d'un dégoût insurmontable, et du
louable désir de défendre, contre toutes les attaques de la malveillance et contre les erreurs in-
volontaires dont ils ont été les victimes, des êtres
supérieurs qu'aurait dû toujours protéger une
juste considération. Il voudrait rendre témoignage
aux droits de l'honneur, au courage sur lequel ils
reposent, et qui ne brille pas moins noblement
dans un revers non mérité, qu'au milieu des succès que seconde la fortune. Il voudrait faire bril-
ler au grand jour ces séries de contre-temps im-
prévus qui viennent souvent traverser les plans
les mieux conçus, et dont il est impossible de
combattre l'influence; prouver que toutes les démarches tentées dans ces instants, tous les ordres
donnés, doivent être appréciés sous le point de vue
de la gravité des circonstances; qu'ils ont été conformes aux intérêts, aux obligations qui se suc-
cédaient selon les événements, et surtout à la
loyauté, qui doit être encore plus sacrée, lorsque
les dangers sont plus grands.

Une des destinées les plus brillantes, et en même temps les plus malheureuses parmi les illustrations de cette sublime période militaire, qui commence en 1792 et finit en 1814, est, sans contredit, celle du lieutenant général comte Dupont.

La position de cet officier général, acquise à force de courage, de talents et de services rendus, était telle, en 1808, que, lorsqu'il partit pour l'Andalousie, « on ne doutait pas, — dit le général « Foy, — qu'il ne trouvât à Cadix le bâton de ma-« réchal de l'empire. »

Et cependant, il fut tout à coup précipité du haut de cet apogée militaire, humilié devant ses compagnons d'armes, aux yeux de toute l'armée et de la France entière, frappé dans sa fortune, dans son rang, dans son honneur, dans sa liberté.

Au lieu du bâton de maréchal de l'empire qui l'attendait à Cadix, le comte Dupont ne trouva en Espagne que des revers inouïs; et l'impétueux général de Marengo, de Pozzolo, d'Ulm, d'Albeck, de Diernstein, de Halle, de Mohrungen, de Braunsberg et de Friedland, fut obligé d'apposer son nom à la convention que l'histoire a flétrie du nom inexact de Capitulation de Baylen ou d'Andujar.

Bien des opinions ont été émises sur la Capitulation de Baylen.

Quelques historiens y ont maladroitement rattaché la chute de l'empire français, en la considérant comme un premier coup moral porté au prestige de gloire et de génie militaire invincible dont étaient entourés, non-seulement Napoléon, mais encore son armée, ses généraux, ses étendards.

Quelques autres ont cru devoir faire remonter jusqu'au chef de l'État la responsabilité de cet événement, soit pour l'imprudente sécurité de l'occupation militaire de la Péninsule hispanique, soit pour la confiance accordée trop légèrement à un général, qu'ils disent être *sans inspiration* (1).

D'autres, enfin, ont vu, dans la Capitulation de Baylen, le premier acte d'une immense trahison dont Waterloo fut le dénoûment.

Une foule d'écrits se sont croisés sous les yeux du public pour expliquer cet affreux désastre, et les auteurs de ces rapsodies, saisis d'étranges préoccupations, ont parcouru à grands pas le domaine de l'invraisemblance, au lieu de chercher avec calme, sur le terrain même, et avec les véritables matériaux que leur fournissait l'histoire, l'explication, sans cela indéchiffrable, de cette triste page de nos fastes militaires.

On s'est plu à déverser, sur une de nos plus belles

(1) En parcourant cette étude, le lecteur sera juge de l'exactitude de cette assertion.   (*Note de l'auteur.*)

et plus pures réputations impériales l'injure et la calomnie, en dénaturant les faits, en les présentant sous un jour impossible et monstrueux, sans calculer que l'heure viendrait infailliblement où l'inflexible vérité, dépouillée de tout voile, arracherait le bandeau qui aveuglait l'opinion prévenue, et restituerait au comte Dupont sa légitime gloire.

En attendant ce moment si longtemps désiré, combien cet infortuné général n'a-t-il pas dû souffrir de l'injustice de ses concitoyens!

Aujourd'hui que l'empire n'existe plus que dans le grand livre de l'histoire, que le comte Dupont, lui-même, a emporté dans la tombe toutes les haines jalouses qui s'attachent toujours aux pas des hommes célèbres; aujourd'hui que l'effervescence des opinions s'est en partie calmée, cette question historique a été déjà résolue d'une manière moins défavorable pour sa mémoire et plus conforme à la vérité.

Mais tout n'a pas été dit encore sur ce sujet, et nous entreprendrons, en racontant les faits qui ont donné lieu à la Capitulation de Baylen, de laver complétement la mémoire de cet illustre général de la souillure dont on avait prétendu l'obscurcir à jamais.

Historien de cette triste et malheureuse épopée péninsulaire, ne voyant dans les hommes qui y ont pris part que des acteurs chargés d'un rôle plus ou moins important, plus ou moins glorieux, et non les représentants de l'Empire, de la Royauté ou de la Constitution, nous ferons à chacun la part équitable de ses actions, selon notre conscience, selon les faits puisés aux sources les plus authentiques et les plus irrécusables.

Avant d'arriver à la narration de la campagne d'Andalousie, qu'il nous soit permis de dérouler, comme accessoire indispensable, les antécédents militaires du lieutenant général comte Dupont.

Pierre DUPONT (1), comte de l'empire, lieutenant général, ministre de la guerre et membre du conseil privé du roi Louis XVIII, membre de la chambre des députés, grand cordon de la Légion d'honneur, grand officier de Saint-Louis, etc., naquit à Chabannais, dans l'Angoumois, le 14 juillet 1765. Il était le troisième fils d'une famille noble de cette province.

Le frère aîné de Pierre Dupont, Antoine Dupont-Chaumont, servit, sous la république et l'empire, avec une haute distinction, et parvint au grade de lieutenant général; son second frère, Pierre Dupont de Poursat, fut évêque de Coutances; un troisième plus jeune, François Dupont, fut colonel et inspecteur général des haras.

Pierre Dupont, élevé au milieu de parents chez lesquels l'esprit militaire dominait, annonça lui-même de bonne heure un goût prononcé pour

(1) Dans les premières années de sa carrière militaire, Pierre Dupont porta le nom de de l'Étang, mais il le quitta lorsqu'il parvint au grade de général de brigade, et depuis il ne conserva que celui de Dupont. C'est par erreur qu'il est appelé de l'Étang dans toutes les biographies imprimées jusqu'à ce jour.

(Note de l'auteur.)

2.

cette carrière. Un oncle, chevalier de Saint-Louis, et l'aîné de ses frères, déjà lieutenant dans les armées royales, donnaient, par leur exemple et leurs récits, lorsqu'ils revenaient en semestre, encore plus d'activité et d'élan à cette passion innée.

Après avoir fait de brillantes études au collége de Lisieux, à Paris, Dupont s'empressa de suivre l'exemple de ses parents ; et il eut la gloire, comme on le verra dans le cours de cette notice, de porter au plus haut degré l'illustration de sa famille.

L'instruction solide qu'il avait acquise rehaussait l'éclat de ses qualités guerrières. Son intrépidité et ses talents l'élevèrent, en quelques années, aux premiers grades de l'armée. A vingt-six ans, Pierre Dupont était général de la république, et depuis il a rendu de nombreux et signalés services à son pays.

Le jeune Dupont, qui avait spécialement porté ses études vers l'artillerie, fit ses premières campagnes dans ce corps. S'étant rendu en Hollande, alors menacée par l'empereur Joseph II, il entra dans l'armée avec le grade de sous-lieutenant dans la légion française, commandée par le comte de Maillebois. Après la cessation des hostilités, cette légion ayant été licenciée, Dupont passa dans l'artillerie hollandaise, et servit dans ce corps jusqu'en 1791. De retour en France à cette époque, malgré les offres brillantes qui lui étaient faites pour le retenir au service de la Hollande, il entra, avec le grade de capitaine, dans le régiment d'infanterie d'Auxerrois, et peu de temps après, il passa dans celui de Brie en la même qualité.

En 1792, le général Théobald Dillon, commandant alors un corps à l'armée du Nord, ayant apprécié le mérite du capitaine Dupont, l'appela auprès de lui pour remplir les fonctions d'aide de camp.

A cette époque, les armées françaises éprouvaient des revers causés par un système stratégique que le gouvernement considérait comme excellent, et dont pourtant l'expérience journalière venait dévoiler toute la défectuosité. Les Français venaient de marcher sur Mons et sur Tournay; mais sous les murs de cette dernière ville, nos troupes se mirent en déroute complète. Le capitaine Dupont, dans cet engagement, donna les preuves du plus grand courage, et faillit périr en voulant défendre son général, qui, pendant la retraite, fut massacré par ses propres soldats insurgés. Il chercha à rallier les fuyards et à ramener à leur devoir les troupes rebelles; mais grièvement blessé d'un coup de feu à la tête, il fut culbuté dans un fossé, et sa mort ayant été considérée comme certaine, le marquis de Grave, ministre de la guerre, annonça cette perte à l'armée, dans un rapport officiel, avec l'expression du regret le plus honorable pour celui qui en était l'objet. Cependant, Dupont n'avait pas partagé le sort affreux de son général, et, le 3 mai, M. Blanchon, membre de l'assemblée nationale, annonça à l'assemblée que, pendant la retraite, le jeune capitaine étant resté en arrière pour observer l'ennemi, avait reçu plusieurs coups de feu et avait été blessé au front ; que la douleur l'avait fait tomber de cheval, et qu'après quelques heures, secouru par un paysan, il avait pu se retirer à Valenciennes. Cette nouvelle fut accueillie avec joie par les représentants.

Le capitaine Dupont était à peine rétabli de sa blessure, qu'il se rendit à l'armée du Nord, commandée par le maréchal de Rochambeau; mais, ayant appris peu de temps après que l'on accablait de calomnies le malheureux Théobald Dillon, il accourut à Paris dans l'intention de venger la mémoire de son ancien général, indignement outragée, et de demander une pension pour la veuve et les quatre enfants de ce brave officier.

Portant encore les marques de sa blessure, et accompagné du général comte Arthur Dillon, parent, frère d'armes et ami de Théobald, Dupont parut, le 5 juin 1792, à la barre de l'assemblée nationale, et fit entendre ces paroles :

« J'étais aide de camp de M. Théobald Dillon.
« Je garantis sur ma tête qu'il est mort irréprocha-
« ble. Impatient d'obtenir justice des calomnies dont,
« ainsi que mon frère Antoine Dupont-Chaumont,
« adjudant général et aide de camp du général d'Au-
« mont, j'ai été la victime, je n'aspire qu'au mo-
« ment de retourner à mon poste et d'y mourir pour
« la patrie. »

Accueilli avec distinction, le jeune aide de camp fut couvert d'applaudissements et reçut les honneurs de la séance.

Quatre jours après, Carnot l'aîné, à sa prière, proposa à l'assemblée d'accorder une pension à la veuve et aux enfants de l'infortuné Théobald, et il demanda en outre que le capitaine Dupont et son frère, en récompense de leur généreuse conduite, fussent décorés de la croix de Saint-Louis, à laquelle leur temps de service ne leur donnait pas encore droit. L'assemblée nationale, reconnaissant la justice de cette double proposition, accorda une pension viagère de 1500 livres à la veuve de Théobald Dillon, et de 800 livres à chacun des quatre enfants de ce général, pour leur éducation, jusqu'à l'âge de vingt et un ans, ou jusqu'à ce qu'ils eussent obtenu des emplois produisant 800 livres; en outre, voulant récompenser dignement le courage et le dévouement du capitaine Dupont et de son frère, dans la journée du 29 avril, où ils avaient été blessés tous les deux, l'assemblée, par le même décret, les dispensant de l'âge exigé par les lois et du temps de service requis par les statuts de l'ordre, autorisa le roi à faire en leur faveur cette honorable exception (1) qui est demeurée depuis sans exemple.

(1) Il ne faut pas confondre ces deux exceptions. La croix de Saint-Louis ne pouvait être décernée avant vingt-cinq ans. Pierre Dupont n'en avait que vingt-trois; il y eut donc pour lui exception d'âge et du temps de service requis. L'exception

Voici les termes de ce décret :

« Antoine Dupont-Chaumont, adjudant général,
« et Pierre Dupont-Chaumont, aide de camp, bles-
« sés l'un et l'autre dans la journée du 29 avril,
« sont déclarés susceptibles, dès à présent, de la
« décoration militaire.

« Extrait en forme du procès-verbal de la séance
« sera envoyé, avec une lettre du président de l'as-
« semblée nationale, à Antoine et Pierre Dupont-
« Chaumont. »

Les deux frères reçurent la croix de Saint-Louis
des mains du roi Louis XVI. Ce furent les deux
dernières que décerna cet infortuné monarque.

La noble conduite de Pierre Dupont lui mérita
l'attachement et l'estime du général comte Arthur
Dillon, qui le choisit pour son aide de camp. Il
suivit donc ce général à l'armée de Dumouriez,
prit une part active à toutes les opérations de cette
campagne, et se distingua à la célèbre bataille de
Valmy, qui ouvrit si glorieusement cette nombreuse série de triomphes successifs et de victoires
éclatantes pour nos armes. Le combat de la forêt
d'Argonne, le passage des Islettes en Champagne,
furent, à la même époque, témoins de son courage.

Après que son général eut porté sa tête sur l'é-

pour son frère Antoine, alors âgé de vingt-neuf ans, ne portait que sur son temps de service.   (*Note de l'auteur.*)

chafaud, Dupont, nommé adjudant général dans l'armée conquérante de la Belgique, fut chargé du travail de l'état-major, et fit partie du corps qui, sous les ordres de Lamarlière, se replia sur Lille. Il seconda les projets de ce général, et montra, en dirigeant les opérations du camp de la Madelaine, qui fut formé sous les murs de la place de Lille, pour faciliter le ralliement des troupes disséminées après la défection de Dumouriez, autant de prudence qu'il avait déjà prouvé de bravoure.

Lorsque Lamarlière fut, à son tour, envoyé à l'échafaud, la confiance qu'inspiraient déjà les talents de Dupont à cette époque, lui fit décerner le commandement en chef de l'armée par les représentants du peuple; mais il eut la sagesse et la modestie bien rare de le refuser, parce que cette nomination eût violé les règles de la discipline et de la hiérarchie militaire.

Le général Houchard, ayant succédé à Custine dans le commandement en chef, Dupont se servit de l'influence qu'il exerçait sur son esprit pour le déterminer à occuper le camp de Cassel; et les marches forcées que fit l'armée pour devancer le duc d'York, sous les murs de Dunkerque, afin de couvrir cette ville, amenèrent la victoire d'Hondscoote, le 8 septembre 1793. Ces habiles manœuvres, qui sauvèrent nos places maritimes, méritèrent à Dupont de justes éloges. Il se distingua de nouveau, peu de jours après, au combat de Menin, où il fit mettre bas les armes à un bataillon de grenadiers commandés par le prince de Hohenlohe en personne. Ce fut à la suite de ce fait d'armes que Dupont fut promu au grade de général de brigade, qu'il avait aussi refusé jusqu'alors.

Mais à ce moment sévissait dans toute sa force la tourmente révolutionnaire, et la France était partout couverte d'échafauds. Le général Dupont, en butte aux suspicions, qui le poursuivaient comme défenseur de son ancien chef, Théobald Dillon, n'était plus assez en sûreté au milieu de ses compagnons d'armes, alors que, bravant la mitraille de l'ennemi, il faisait pourtant le sacrifice de sa vie pour la défense des drapeaux de la patrie. Il résolut alors de se mettre à l'abri de l'animosité des farouches tribuns qui dirigeaient le pouvoir, et obtint des représentants du peuple présents à l'armée, dont il avait forcé l'intérêt et la condescendance, la faveur de se retirer dans ses foyers pour y rétablir sa santé. Ce ne fut que par miracle que Dupont, dont le cœur trop haut placé et les nobles sentiments ne pouvaient que repousser avec horreur les scènes hideuses de la révolution, échappa à la proscription et au fer de la guillotine.

Lorsque la fièvre révolutionnaire fut un peu calmée, et que l'orage qui avait laissé sur le pays des traces sanglantes et profondes se fut évanoui, Dupont, sortant de sa retraite, quitta sa famille, et s'éloigna aux vifs regrets de ses compatriotes, dont la confiance l'avait investi des fonctions de maire dans les jours difficiles de la terreur. Il vint à Paris, et s'empressa d'offrir au Directoire le secours de son talent et de son épée.

Le célèbre Carnot, qui avait apprécié le mérite de Dupont, lui confia, conjointement avec le général Clarke, la direction et l'organisation du cabinet topographique, espèce de ministère où s'élaboraient les plans de campagne, où se décidait le mouvement des armées, où s'organisait la victoire, où résidait, en un mot, la pensée militaire du gouvernement.

Lorsque le cabinet topographique fut supprimé, le général Dupont, qui avait, dans les difficiles et savantes fonctions de directeur, fait preuve d'une haute capacité, fut élevé, le 13 floréal an V (2 mai 1797), au grade de général de division, et devint, en même temps, directeur du dépôt de la guerre, auquel il commença à donner cette importance qui ne fit que s'accroître, et dont il jouit aujourd'hui.

En 1797, le général Dupont, qui, dans ses courts loisirs, aimait à se livrer aux distractions de la littérature, dont il devait le goût à ses brillantes études, traita le sujet de *la Liberté*, proposé par l'Institut. Le prix ne fut point donné; mais l'ode qu'il envoya au concours obtint la première mention honorable décernée par ce corps savant, alors très-difficile et fort réservé dans ses suffrages. Parmi beaucoup de belles strophes qui distinguaient cette pièce de vers, on remarqua plus particulièrement, surtout comme pouvant rivaliser avec la strophe, si renommée, de Lefranc de Pompignan,

Le Nil a vu sur ses rivages, etc. ,

celle-ci :

> Loin des rivages de Golconde,
> L'hôte géant de ses déserts
> De leur solitude profonde
> Chérit l'image dans ses fers.
> Jamais son épouse enchaînée
> Ne veut d'un servile hyménée
> Subir les honteuses douceurs;
> L'amour en vain gronde et l'accuse,
> Sa jalouse fierté refuse
> Des sujets à ses oppresseurs.

En 1799 (an VIII), le lieutenant général Dupont embrassa avec ardeur la cause de Bonaparte; et, les 18 et 19 brumaire, il fut chargé par lui de l'intérim du portefeuille de la guerre, pendant les journées de cette mémorable révolution. Il reprit ensuite ses fonctions comme directeur du dépôt de la guerre, et continua, avec Alexandre Berthier, nommé à ce ministère, les travaux qui l'y occupaient auparavant, tout en conservant un travail particulier avec le premier consul.

Bonaparte s'étant emparé du pouvoir, choisit Dupont pour chef d'état-major général de l'armée de réserve, réunie au pied des Alpes (1), et qui

(1) Le quartier général de l'armée dite de réserve fut établi à Dijon. Bonaparte en avait fait donner le comman-

n'attendait qu'un signal pour franchir le mont Saint-Bernard, et déborder, comme un torrent, sur les riches plaines de l'Italie.

Ce fut vers le milieu de mai 1800 que cette armée se trouva réunie au pied des Alpes. Elle était forte de quarante mille hommes, et avec elle marchait le premier consul, qui avait pris le commandement suprême. Ce fut le lieutenant général Dupont qui fit adopter, par Bonaparte, le passage par le Saint-Bernard, comme principal passage, préférablement à celui du Simplon et du Saint-Gothard. Il dura quatre jours; tous les obstacles d'une pareille entreprise furent surmontés avec enthousiasme, et l'armée arriva enfin dans cette belle Italie, que quatre années auparavant elle avait déjà remplie du bruit de ses victoires.

Aoste prise le 16 mai; le 17, combat de Chatillon; le 24, prise d'Yvrée, de Suse, de la Brunette, combat de Chiusella; le 29, prise de Nice, de Novarre, de Turbigo; le 1er juin, prise du fort de Bard; le 2, entrée à Milan; le 3, prise de Pavie, de Lodi, entrée dans Crémone; le 6, passage du Pô; le 7, prise de Plaisance, combat de Stradella; le 9, bataille de Montébello; le 12, passage de la Scrivia; le 13, passage de la Bormida, combat de Marengo; et, enfin, le 14, la bataille de Marengo, où périt le brave Desaix : tels furent les travaux

dement en chef à Alexandre Berthier, ne pouvant, comme consul, la commander lui-même en cette qualité.

(Note de l'auteur.)

de l'armée d'Italie pendant cette magnifique et rapide campagne.

Le lieutenant général Dupont se fit remarquer dans tous les glorieux combats qui suivirent l'entrée des Français en Italie, et déploya toutes les qualités d'un bon chef d'état-major. Il contribua fortement, par son courage et par ses habiles dispositions, à l'immortelle bataille de Marengo, où les Autrichiens eurent huit mille hommes tués ou blessés, perdirent en outre sept mille prisonniers, douze drapeaux et trente canons, et eurent sept de leurs généraux blessés, ainsi que plus de quatre cents de leurs officiers. Ce fut lui qui organisa l'armée et qui donna l'ordre au général Rigaud de rallier, puis de ramener au combat les soldats qu'une retraite précipitée avait jetés sur San Juliano.

La victoire de Marengo fut suprême et définitive. Après ce triomphe, qui rendit à la France les fruits de huit années de luttes, le lieutenant général Dupont fut chargé, par le premier consul Bonaparte, de traiter avec le général autrichien Mélas, et de surveiller l'exécution de la négociation. Il rédigea alors cette capitulation inouïe, qui nous ouvrit douze places fortes, et nous livra l'Italie jusqu'aux rives du Mincio.

Investi ensuite du gouvernement général du Piémont, Dupont présida, comme ministre, *la consulta* législative du pays. Il sut, dans ces délicates fonctions, par son désintéressement, sa modération, sa sagesse et son esprit de justice, faire aimer et respecter le nom français, et prépara ainsi, avec une rare habileté, la réunion de cette province à la France.

L'année suivante (1801), l'armistice entre les armées française et autrichienne ayant été rompu dans les premiers jours de septembre, le lieutenant général Dupont quitta Turin pour prendre le commandement de l'aile droite de l'armée d'Italie, concentrée sur la rive gauche du Pô, entra en Toscane le 10 octobre, s'empara de Barbérino, détruisit l'armée du comte de Sommariva, occupa Florence le 15 du même mois, y établit un gouvernement provisoire, et vint, à travers la chaîne des Apennins, prendre part aux opérations de l'armée réunie sur les bords du Mincio.

Les deux armées française et autrichienne occupaient les deux rives du fleuve. Il fallait en opérer le passage. Le lieutenant général Dupont commandait l'aile droite, qui lui avait été confiée par Brune. Exécutant les ordres du général en chef, il jette un pont sur le Mincio, qu'il traverse sous le feu de l'artillerie ennemie. Tout à coup le mouvement des autres corps est suspendu par ordre supérieur, et Dupont reçoit le commandement d'interrompre son opération ; mais la victoire l'appelle, et dans la pensée que toute l'armée va accourir pour opérer son passage et le rejoindre, il continue son mouvement, et se trouve bientôt de l'autre côté du fleuve, avec ses divisions, en face d'un ennemi trois fois supérieur en nombre. Il engage de suite le combat à la tête de ses quinze mille soldats, et gagne la bataille de Pozzolo, contre une armée de quarante-cinq mille Autrichiens commandés par le feld-maréchal de Bellegarde. Ce mouvement hardi, qu'il exécuta spontanément et malgré l'ordre précis qu'il avait reçu d'arrêter sa marche, déjà trop avancée, et que ne pouvaient appuyer les autres corps, assura cette victoire qui acheva la conquête de l'Italie supérieure, des rives du Mincio jusqu'aux frontières de l'Autriche, et lui mérita le surnom de général audacieux. Quoi de plus audacieux, en effet, que d'accepter volontairement la responsabilité de cette grande résolution, de soutenir seul avec l'aile droite, et pendant sept heures consécutives, les efforts d'un ennemi si supérieur en nombre! A peine le général Suchet, avec une division du centre, venait-il de s'ébranler, selon sa promesse, pour se porter à l'aide du général Dupont, que déjà la victoire était décidée.

Dans le rapport adressé par Brune au premier consul Bonaparte, ce général en chef n'a pas donné à cette action d'éclat tout le développement qu'elle méritait. Il est vrai qu'il se trouvait éloigné du champ de bataille; mais la principale raison qui l'empêcha d'attribuer au lieutenant général Dupont la part de gloire qu'il avait si bien acquise dans cette journée, paraît être dans la contrariété qu'il éprouva en voyant le brillant passage du Mincio effectué malgré son contre-ordre, qui était arrivé trop tard pour qu'il fût possible à Dupont d'y obéir, sans exposer aux plus imminents périls les bataillons déjà passés, et en partie engagés avec l'armée autrichienne.

Nous croyons donc intéressant de donner sur la journée de Pozzolo des détails plus étendus, et d'ailleurs peu connus, que nous avons puisés aux sources les plus authentiques.

Tous les corps de l'armée française s'étant approchés en même temps de la rive droite du Mincio, le général en chef Brune ordonna, le 3 nivôse, le passage de cette rivière pour le lendemain au matin. Le lieutenant général Dupont reçut l'ordre de passer avec l'aile droite, de vive force, entre le moulin de la Volta et le village de Pozzolo, pendant que le reste de l'armée effectuerait son passage à Monzanbano. La division Watrin part de Cerlungo pour se porter à Volta, où elle arrive à la pointe du jour, et elle prend position sur la rive du Mincio, à l'endroit fixé pour le passage. La vingt-deuxième de ligne en est détachée pour observer Borghetto. Le chef de brigade Bardenet, chargé de jeter le pont de bateaux, exécute cette opération avec rapidité. Une compagnie de grenadiers de la vingt-huitième demi-brigade se jette dans de petites nacelles, et les éclaireurs de la quarantième la suivent; la sixième légère, ayant à sa tête son chef, le brave Macon, opère son passage. Le pont se trouve établi à neuf heures, et le général Musnier, commandant la brigade de droite de la division Watrin, s'empare de la rive opposée en repoussant les ennemis, qui se défendent pied à pied. Plusieurs soldats ont passé la rivière à la nage. Une grande partie de la division Watrin se trouvait déjà établie sur la rive gauche; l'ennemi avait été replié jusque dans le village de Pozzolo, et la marche des troupes continuait avec célérité. Le lieutenant général Dupont apprend alors que le passage qui devait avoir lieu en même temps à Monzanbano n'a pu s'effectuer, et que l'opération est différée de vingt-quatre heures. Sentant la nécessité de conserver l'avantage inappréciable de son établissement sur la rive gauche du Mincio, et la difficulté de retirer ses troupes qui étaient engagées depuis plusieurs heures dans un combat que la retraite aurait rendu funeste, il se détermine à poursuivre son opération, et il en rend compte au général en chef. Les troupes avaient été averties du contre-ordre, et lorsqu'elles apprennent la résolution de leur général, elles font éclater la joie la plus vive; une nouvelle ardeur anime tous les rangs.

Du moulin de la Volta à Pozzolo, le Mincio forme dans son cours un angle rentrant du côté de la rive droite. Cette rive s'élève en forme d'amphithéâtre, et donne un commandement très-favorable sur l'autre bord de la rivière. C'est au milieu de cet espace que le pont avait été construit, et il était protégé par des batteries placées avec avantage sur le plateau qui domine le village de Pozzolo et la plaine qui l'environne. Le général de brigade Salva dirige ces batteries. Le chef de bataillon du génie Morio et le capitaine du génie Berthois travaillent à une tête de pont; les sapeurs redoublent d'énergie et d'activité. Le général de brigade Petitot passe avec sa brigade, composée de la vingt-huitième et de la quarantième. Cette dernière demi-brigade se porte sur Pozzolo, et s'en empare rapidement. L'occupation de ce village achève de former notre ligne de bataille. Il était facile de prévoir que l'ennemi, rassuré sur le point de Monzanbano, où les préparatifs du passage étaient suspendus, porterait toute son attention sur Pozzolo; et il était urgent, pour l'aile droite, de s'affermir dans sa position, que le voisinage du camp ennemi, placé à Villa-franca et à Marengo, rendait très-délicate. La division Monnier, partie du camp de Santa-Maria dans la nuit du 3 au 4, précipite sa marche. La difficulté des chemins l'oblige à laisser son artillerie derrière elle, et à midi elle arrive sur le Mincio. La division Watrin resserre sa ligne, dont la gauche va appuyer au Mincio, vis-à-vis le moulin de la Volta; et la division Monnier se place à sa droite, occupant le village de Pozzolo.

Le lieutenant général Suchet, commandant le corps du centre, arrivait de Monzanbano apportant le contre-ordre du général Brune, et se trouvait au pont avec le lieutenant général Dupont. Frappé du succès du passage et des raisons que lui donne son collègue, et sentant que l'ennemi allait accumuler toutes ses forces contre l'aile droite, il lui offre, avec une loyale et généreuse spontanéité, le secours de ses troupes; et il envoie, de concert avec lui, l'adjudant commandant Ricard au général en chef, pour le prévenir de ce qui ce passe, en même temps qu'il donne des ordres pour rappeler ses troupes de Monzanbano.

Cependant le combat se prolongeait, et l'on voyait arriver successivement des renforts à l'ennemi. Tout à coup l'armée autrichienne se montre dans la plaine de Pozzolo, marchant sur plusieurs colonnes ; elle était forte de quarante-cinq bataillons, de dix régiments de cavalerie et d'une nombreuse artillerie. Le maréchal de Bellegarde, sachant qu'il n'avait affaire qu'à un corps de l'armée française, se croyait assuré du succès, et il commence son attaque, avec une grande vivacité, sur notre gauche. La division Watrin reste inébranlable et combat avec une intrépidité dont son général lui donne l'exemple. L'ennemi, étonné de la résistance de cette division, et enhardi par la supériorité du nombre, dirige sur elle, par son flanc droit, une charge impétueuse de cavalerie. Ce choc violent met un bataillon de la quarantième dans un grand danger ; mais, soutenu par la vingtième et par deux escadrons du onzième régiment de hussards, ce bataillon parvient à se dégager, et la cavalerie autrichienne, après avoir perdu beaucoup de monde, se replie, en désordre, dans la plaine. Pendant ce temps, nos batteries continuaient à porter le ravage dans la ligne ennemie ; leur position sur la hauteur était heureuse, et elles étaient bien dirigées par le général d'artillerie Salva. Une pluie de mitraille tombait sur les régiments qui s'approchaient du Mincio pour entamer notre gauche, et jonchait la terre de morts et de blessés. Le carnage fut affreux de ce côté pendant deux heures.

M. de Bellegarde, déconcerté de l'étonnante fermeté de la division Watrin, et désespérant de forcer notre gauche, change tout à coup son plan de bataille, et porte ses principales forces sur Pozzolo, occupé par la division Monnier. La prise de ce village devait lui donner un grand avantage, attendu qu'il se trouve sur une légère éminence, d'où l'on pouvait battre le pont et ses approches. Les troupes les plus fraîches furent successivement employées à cette attaque, où l'ennemi semblait alors mettre tout son espoir. Le général de brigade Calvin, à la tête de la vingt-quatrième légère, et le général de brigade Carra Saint-Cyr, à la tête de la cinquante-huitième, soutenus par deux escadrons du onzième de hussards commandés par le chef d'escadron Berruyer, soutinrent longtemps la violence des efforts de l'ennemi. Le terrain était disputé pied à pied. Le général de division Monnier, ayant à combattre des forces trop inégales, fut obligé d'évacuer le village qu'il devait bientôt reprendre, et qui était destiné à subir toutes les vicissitudes du sort des armes.

Le lieutenant général Dupont, voyant que le moment était arrivé de déployer une énergie plus grande encore et de faire usage de toutes nos ressources, demande du renfort au lieutenant général Suchet, dont les troupes commençaient à arriver, et qui observait de la rive droite les dispositions de l'ennemi. Suchet ordonne aussitôt à la division

Gazan de passer le pont, et l'artillerie de son corps d'armée est mise en batterie sur le plateau. La position dangereuse dans laquelle nous nous trouvions, loin d'étonner nos soldats, exalte leur courage. Ils ne considèrent que la victoire, sans songer que c'est avec un petit nombre d'hommes qu'il faut l'arracher à une armée entière.

Un bataillon de la huitième légère, réuni à la vingt-quatrième légère, commandée par le chef de brigade Ferey, réoccupe le village de Pozzolo ; mais l'ennemi forme, un instant après, deux fortes colonnes, dont l'une pénètre sur la gauche, pour gagner le chemin qui y conduit et couper la retraite à nos troupes : cet instant était critique. La brigade du général Lesuire se réunit alors à la division Monnier, pour attaquer de nouveau l'ennemi. La soixante-douzième, commandée par le chef de brigade Ficatier, et un bataillon de la quatre-vingt-dix-neuvième, exécutent une charge audacieuse sur le front du village. Une partie de la quatre-vingt-seizième se porte en même temps sur son flanc gauche : ce mouvement est décisif. Les Autrichiens sont tous rejetés hors de Pozzolo, qui rentre en notre pouvoir.

Pendant que le combat changeait si souvent de face à la droite, notre gauche se maintenait dans sa position. Elle était favorisée par plusieurs bataillons de la quatre-vingt-dix-neuvième et de la quarante-troisième, qui avaient été placés sur la rive droite, au-dessus du moulin, dans le bois qui règne jusque sur le bord de la rivière. Le feu de ces bataillons prenait en flanc la droite de l'ennemi et le faisait beaucoup souffrir.

Malgré tous ces efforts, le sort de la bataille n'était point décidé. A peine l'ennemi était-il repoussé sur un point, qu'il reparaissait avec de nouvelles forces, et réparait ses revers. Le jour baissait ; il était déjà cinq heures ; la victoire ne pouvait rester longtemps incertaine, et l'on se préparait de part et d'autre à un choc décisif. M. de Bellegarde, qui sentait tout le prix de la possession du village de Pozzolo, qu'il avait pris et perdu plusieurs fois, fait un dernier effort pour le reprendre. Il s'en empare, en effet, et nos troupes sont obligées de céder à la masse des forces qu'il leur oppose. La division Loison et la réserve de cavalerie, commandée par le général de division Davoust, étaient en bataille sur la crête de la hauteur, en deçà du Mincio. Le lieutenant général Dupont demande un nouveau renfort au lieutenant général Suchet, qui lui envoie la brigade du général Colli. Le général Davoust fait également passer le pont au sixième régiment de dragons. L'artillerie légère attachée à la cavalerie avait été employée aussitôt son arrivée. Les divisions Monnier et Gazan se reforment en colonnes d'attaque. La quarante-troisième et une partie de la cent-sixième marchent au pas de charge, et toute la ligne fait un mouvement qui renverse l'ennemi, malgré son opiniâtreté, et lui enlève le village. Il se retire en désordre ; on le poursuit, et la bataille est complétement gagnée.

Le jour avait disparu, et les généraux s'occupaient à placer les troupes pour passer la nuit sur le champ de bataille, lorsqu'une nouvelle attaque a lieu sur le flanc de la division Watrin. Un corps de grenadiers hongrois se présente. La vingt-huitième demi-brigade, la sixième légère et la quarantième recommencent leur feu ; on se tirait à vingt pas. Cette distance et l'obscurité rendaient ce combat terrible. La même attaque a lieu sur le village de Pozzolo. Le général Monnier, qui l'occupait avec sa division, répond au feu de l'ennemi, sans changer de position. A dix heures, le feu avait entièrement cessé. Ce corps de grenadiers hongrois se retira à la faveur d'une nuit obscure, et l'on reconnut que M. de Bellegarde, en faisant donner cette réserve, n'avait eu pour but que de couvrir sa fuite.

Le combat dura quinze heures dans cette glorieuse journée. L'ennemi perdit environ six mille hommes tués ou blessés, trois mille prisonniers de guerre, plusieurs pièces de canon et un drapeau.—Nous eûmes dix-huit cents hommes tués ou blessés.

Dans le discours préliminaire des mémoires du maréchal Suchet, duc d'Albuféra, sur ses campagnes en Espagne, depuis 1808 jusqu'en 1814, on trouve ce passage, hommage loyalement rendu à la gloire de Dupont :

« Le lieutenant général Dupont, quoique infé-
« rieur en nombre, malgré les renforts que je lui

« envoyai, non-seulement résista à l'armée enne-
« mie, mais la força à la retraite, et termina la
« journée en faisant quatre mille prisonniers et en
« conservant le champ de bataille. »

« En 1801, sous Brune, dans la journée du 4
« nivôse, dit le général Foy, Dupont changea l'o-
« pération secondaire dont il était chargé en une
« attaque principale, et l'obstination qu'il déploya
« contre l'ennemi, malgré le chef de l'armée qui
« lui envoyait l'ordre de se retirer, lui valut le re-
« nom d'un général audacieux; ce renom, il le
« soutint et le grandit dans la guerre d'Allemagne,
« où sa division concourut, d'une manière bril-
« lante, aux succès de l'immortelle campagne de
« 1805. »

Le 19 frimaire an XII (10 décembre 1803), le
général Dupont fut créé membre de la Légion d'honneur, et le 25 prairial (14 juin 1804) de la même
année fut fait grand officier de l'ordre.

En 1804, le général Dupont fut employé au
camp de Boulogne.

Cependant la guerre venait d'être déclarée à
l'Autriche; et, en 1805, l'armée française sortait
des camps de Boulogne plus belle et plus brillante
qu'elle n'avait paru à aucune autre époque.
Elle arrive sur le Danube, force le passage de
ce grand fleuve sur plusieurs points au-dessous de

la place d'Ulm, et pénètre dans la Bavière. Plusieurs corps ennemis sont défaits et dispersés; mais les principales forces de l'armée autrichienne se concentrent sur la rive gauche du Danube, devant Ulm.

La division du général Dupont, composée de six bataillons d'infanterie, de trois régiments de cavalerie, et d'une artillerie proportionnée, formant en tout six mille combattants, était placée à Albeck, et se trouvait seule en face de cette armée forte de trente mille Autrichiens commandés par le général Mack.

Dupont reçoit l'ordre de marcher sur la place d'Ulm, que l'ennemi couvrait par sa position.

Cet ordre était dicté par l'erreur où l'on était au quartier général français sur les mouvements de l'ennemi.

Marcher en avant était un acte d'audace extraordinaire. Dupont connaissait ses troupes; il n'hésita pas. Il commanda l'attaque, et cet ordre fut exécuté avec une rare vigueur.

Le 11 octobre (19 vendémiaire an XIV), le combat s'engage près du hameau d'Haslack. La division française est d'abord menacée d'être accablée par une aussi immense supériorité de forces; mais Dupont ordonne que partout dans les rangs la baïonnette remplace la mousqueterie, et pendant tout le cours de la journée que dure ce combat inégal, des charges audacieuses se succédant sans cesse sont toujours victorieuses, effectuées par des soldats qu'électrise l'exemple de leur courageux général, dont la présence se manifeste partout. La nuit seule vint séparer les combattants, et les Français, restés maîtres du champ de bataille, purent contempler avec orgueil, outre tous les trophées de la victoire, quatre mille prisonniers de guerre, c'est-à-dire les deux tiers du nombre des héros composant cette glorieuse division. Dans cette mémorable action, Dupont culbuta les Autrichiens et les chassa cinq fois de suite, à l'arme blanche, du village de Jumingen.

L'Empereur, arrivé sous les murs d'Ulm, reçut alors la capitulation de Mack, qui remit entre ses mains la place et le corps d'armée qui la défendait, montant à trente-trois mille combattants, ainsi que soixante pièces d'artillerie et cinquante drapeaux.

Trois jours après la victoire d'Haslack et le lendemain de la reddition d'Ulm, le brave généra Dupont se trouva engagé dans un nouveau combat contre l'archiduc Ferdinand. Ce prince, renfermé dans Ulm, y laissant la moitié de ses forces sous les ordres de Mack, s'était avancé à la tête de vingt-cinq à trente mille hommes au delà d'Albeck.

L'archiduc attaqua les Français dans leur position, et l'infériorité du nombre fit encore recourir le général Dupont à la puissance de la baïonnette.

A l'aide de cette arme toute française et si redoutable entre nos mains, les manœuvres de ses troupes furent encore couronnées de succès.

Le général Dupont, qui s'était emparé d'Albeck, était parvenu à s'y maintenir. Le lendemain, le combat recommença avec autant d'acharnement contre le même corps d'armée déjà vaincu la veille. Mais Napoléon, après la reddition d'Ulm et le glorieux combat d'Elchingen, instruit que l'armée ennemie qu'il cherchait dans la Bavière, était de l'autre côté du fleuve, près d'Ulm, où Dupont l'avait combattue avec des succès si inespérés, fit renforcer l'invincible division de ce général, pendant cette seconde journée d'Albeck, par la cavalerie de la garde impériale que Murat plaça momentanément sous ses ordres. Ce fut à l'aide de ce renfort que Dupont mit en pleine déroute les colonnes ennemies, les poursuivit jusqu'aux frontières de la Bohême et leur tua ou leur enleva plus de dix-neuf mille hommes.

Le général Dupont prit encore une part glorieuse à la victoire de Diernstein, le 11 novembre (20 brumaire), et couronna par un beau fait d'armes les brillants succès qu'il avait obtenus durant le cours de cette campagne.

Le général russe Kutusow, à la tête de vingt-cinq à trente mille hommes, ayant passé le Danube à Krems, attaqua sur les bords de ce fleuve six bataillons du corps d'armée du maréchal Mortier qui étaient bloqués dans les montagnes, à travers lesquelles s'était dirigé l'ennemi. Dupont étant survenu à l'improviste parvint à repousser

les Russes, les mit en pleine déroute et dégagea
la division Gazan, fortement compromise. Ce
combat très-vif et très-opiniâtre dura depuis cinq
jusqu'à dix heures du soir, à la lueur de l'incendie
de Léoben, allumé par les Russes, qui, dans cette
journée de massacre, eurent plus de quatre mille
hommes mis hors de combat.

« Le combat de Diernstein, dit le bulletin, où
« quatre mille Français attaqués dans la journée
« du 20, par vingt-cinq à trente mille Russes, ont
« gardé leur position, tué à l'ennemi trois à quatre
« mille hommes, enlevé des drapeaux et fait treize
« cents prisonniers, a déconcerté les projets des
« Russes, qui ont vu, par ce qu'avaient fait qua-
« tre mille Français, ce qui leur arriverait à
« forces égales. »

Certes, le brave général Dupont eut une importante part dans le grand succès de cette étonnante campagne, et l'on peut dire que jamais la
fortune ne seconda mieux le courage contre une
aussi immense supériorité de forces.

A la fin de la campagne, le général Dupont
prit, au nom du prince Murat, possession du grand-
duché de Berg, dont l'Empereur venait d'investir
ce dernier, et il y fit observer la plus sévère discipline.

Lorsque commença, en 1806, la guerre contre

la Prusse, le général Dupont se fit encore remarquer par des faits d'armes éclatants, qui mirent le sceau à sa réputation d'officier expérimenté et de soldat intrépide. Placée sous les ordres du prince de Ponte-Corvo (Bernadotte), la division Dupont ne prit point part, il est vrai, à la grande bataille d'Iéna, le 14 octobre, mais elle s'en dédommagea peu de jours après en battant l'ennemi à la fameuse journée de Halle.

Le 17, le prince de Ponte-Corvo chargea le général Dupont d'attaquer cette ville, défendue par un corps de vingt-cinq mille hommes, sous les ordres du prince Eugène de Wurtemberg. On ne pouvait l'aborder que par trois ponts d'une longue étendue, retranchés, couverts de troupes ennemies, protégés par une nombreuse artillerie. L'extrême difficulté de cette opération n'avait pas été prévue. L'audace, la promptitude et la vigueur de l'attaque pouvaient seules en faire espérer le succès. Dupont se décide soudainement à la tenter de vive force. Il dispose aussitôt ses troupes, composées des mêmes hommes que dans la campagne d'Autriche, se met à leur tête, s'élance à travers le feu le plus redoutable, aborde l'ennemi à la baïonnette, le renverse, enlève les ponts, force l'entrée de la ville et s'en empare. Ce premier avantage obtenu, il se porte contre toutes les forces du prince de Wurtemberg, dans la position qu'il a prise hors de l'enceinte de Halle, les attaque, les met en déroute et reste possesseur de la ville. D'autres corps français, qui s'avancèrent alors, concoururent avec le général Dupont à précipiter la retraite des Prussiens.

Voici les paroles du bulletin :

« Le prince de Ponte-Corvo fit attaquer Halle
« par le général Dupont, et laissa la division
« Drouet en réserve sur sa gauche : le trente-
« deuxième et le neuvième d'infanterie légère pas-
« sèrent les trois ponts au pas de charge et
« entrèrent dans la ville, soutenus par le quatre-
« vingt-seizième. En moins d'une heure tout fut
« culbuté... La réserve du prince de Wurtemberg
« fut mise dans la plus complète déroute et pour-
« suivie l'espace de quatre lieues. Les résultats de ce
« combat sont : cinq mille prisonniers, dont deux
« généraux et trois colonels, quatre drapeaux et
« trente-quatre pièces de canon. Le général Du-
« pont s'est conduit avec beaucoup de distinc-
« tion. »

Deux jours après ce fait d'armes, que tous les militaires ont considéré comme l'un des plus étonnants que la fortune et l'audace puissent opérer, l'empereur Napoléon arrivant sur le pont de Halle et jugeant par ses propres yeux des difficultés énormes que le général Dupont avait eues à vaincre, et étonné de l'audacieuse résolution qu'il avait prise d'attaquer à force ouverte une position qui semblait inexpugnable, fut frappé de surprise et d'admiration, et dit au maréchal Lefebvre qui l'accompagnait :

« Comment ! c'est sur ces ponts qu'ils ont passé
« devant une armée ! J'aurais hésité à les attaquer
« avec soixante mille hommes. »

C'était le plus bel éloge que l'Empereur pût faire de la conduite de Dupont.

Cette action fut mise à l'ordre du jour comme une des plus extraordinaires de cette époque. Le vainqueur de Halle n'avait eu que cinq bataillons à opposer aux vingt-cinq mille Prussiens du prince de Wurtemberg.

En poursuivant ensuite les ennemis sur les bords de la Trave, le général Dupont fit prisonniers de guerre, à Nossentein, deux régiments de la garde royale suédoise, embarqués sur des bâtiments qui suivaient le canal aboutissant à la Baltique (1); et, le même jour, arrivé sous les

(1) Ce fut la première occasion que Bernadotte, prince de Ponte-Corvo, eut de se faire connaître aux Suédois. Dupont, qui commandait la première division de son corps d'armée, s'empressa de lui conduire les officiers des régiments qu'il venait de faire prisonniers, et le prince les accueillit avec une grande courtoisie. Rentrés dans leurs foyers, les Suédois s'empressèrent de rapporter l'accueil qui leur avait été fait; et les récits flatteurs et entraînants qu'ils y joignirent, en parlant de la grâce et de l'urbanité d'un des chefs les plus illustres de l'armée française, fixèrent le nom de Bernadotte dans l'esprit

murs de Lubeck, il contribua puissamment à la reddition de cette ville et à celle du corps de Blücher, qui s'y était réfugié.

La campagne de Pologne, en 1807, qui suivit la conquête de la Prusse, vint encore ajouter et mit le comble à la haute réputation de Dupont, par la rapidité des mouvements de ce général, l'intelligence de ses manœuvres et l'énergie de ses attaques contre les Russes.

Arrivé à marches forcées près de Mohrungen, le 25 janvier, au moment où le combat qui fut livré sous les murs de cette ville était engagé depuis plusieurs heures, Dupont disposa rapidement ses troupes, composées des cinquante-deuxième et quatre-vingt-seizième régiments, franchit un lac glacé à la tête de trois bataillons seulement, pour déborder l'ennemi qui croyait n'avoir rien à craindre de ce côté, et par ce mouvement hardi décida la victoire.

Voici les paroles du bulletin :

« Cependant la ligne française, composée du
« huitième de ligne, du vingt-septième d'infante-
« rie, et du quatre-vingt-quatorzième, était for-
« mée ; elle aborde la ligne russe qui avait pris

de leurs compatriotes. Ce fut à ce souvenir, et à d'autres du même genre, que ce général républicain dut le trône de Suède.

(Note de l'auteur.)

« position sur un rideau. La fusillade devient vive
« et à bout portant.

« A l'instant même, le général Dupont débou-
« chait la route de Holland, avec les cinquante-
« deuxième et quatre-vingt-seizième régiments. Il
« tourna la droite de l'ennemi ; un bataillon du
« trente-deuxième régiment se précipita sur les
« Russes avec l'impétuosité ordinaire à ce corps ;
« il les mit en désordre et leur tua beaucoup de
« monde. Il ne fit de prisonniers que les hommes
« qui étaient dans les maisons ; l'ennemi a été
« poursuivi pendant deux lieues. La nuit a empê-
« ché de continuer la poursuite. Les comtes de
« Pahlen et Galitzin commandaient les Russes.
« Ils ont perdu trois cents hommes faits prison-
« niers, douze cents hommes laissés sur le champ
« de bataille et plusieurs obusiers. »

Après la grande et meurtrière bataille de Preuss-
Eylau, l'armée française qui avait triomphé, mais
dont les pertes étaient immenses, s'était rappro-
chée de la Vistule pour prendre ses quartiers d'hiver. Les Russes, qui avaient suivi son mouvement,
avaient traversé la Passarge à Braunsberg, et
menaçaient la tête des cantonnements français.
Instruit qu'une division russe s'était portée sur
Braunsberg, l'empereur Napoléon ordonna qu'elle
fût attaquée. Le prince de Ponte-Corvo chargea
de cette expédition le général Dupont, et lui donna
l'ordre de reprendre cette position.

Le 26 février, à deux heures après-midi, Dupont se présente devant Braunsberg, marche sur deux colonnes et attaque l'ennemi fort de dix mille hommes. Le général Bruyère, qui commandait la colonne de droite, rencontre les Russes à Ragern, et les pousse sur la rivière qui est en avant de ce village. La colonne de gauche fait reculer l'ennemi sur Willenberg, et toute la division ne tarde pas à déboucher hors du bois. Chassés de leur première position, les Russes sont obligés de se replier sur la rivière qui couvre la ville de Braunsberg. Alors Dupont marche sur eux, les culbute au pas de charge, et entre avec eux dans Braunsberg, qui bientôt est jonché de cadavres ennemis. Forcés de repasser précipitamment la rivière, les Russes perdirent deux mille prisonniers, deux drapeaux et seize pièces de canon.

Le succès de ce combat, en assurant à notre armée ses quartiers d'hiver sur la ligne de la Passarge et sur la rive droite de la Vistule, lui procura, en même temps, la ressource des magasins d'Elbing. L'Empereur reconnut hautement l'importance de cette action, qui prouva à l'ennemi que les troupes françaises n'avaient rien perdu de leur confiance et de leur supériorité.

Le général Dupont couronna dignement cette série d'éclatants faits d'armes par la part décisive qu'il prit à la bataille de Friedland, le 14 juin, où sa division s'honora d'une manière plus remarquable encore.

Les deux armées ennemies se trouvaient en

présence dans cette ville. La bataille d'Eylau (8 février), quoique gagnée par les Français, restés possesseurs du champ de bataille, n'avait pas encore fixé le sort des contrées du Nord, et une nouvelle victoire allait bientôt décider entre les deux empereurs.

Dès la pointe du jour, l'action commencée se soutenait avec un avantage égal, et Napoléon attendant la réunion de toutes ses forces pour développer ses dispositions, suspendait les derniers efforts de son armée.

La division du général Dupont (1), après avoir fait, par une marche rapide, neuf lieues dans cette même journée, arrive sur le champ de bataille et prend place, en réserve, derrière l'aile droite, commandée par le maréchal Ney.

A cinq heures et demie du soir, Napoléon donne l'ordre d'un engagement général, et le maréchal Ney se met en mouvement au signal de quelques salves d'une batterie de vingt pièces de canon. Du moment où l'ennemi s'aperçut que Ney avait quitté sa position, il le fit déborder par des régiments de cavalerie, précédés d'une nuée de cosaques. La division de dragons du général Latour-

---

(1) Après l'affaire de Braunsberg, le général Dupont avait été appelé au commandement en chef du corps d'armée du maréchal prince de Ponte-Corvo, dangereusement blessé; mais quelques jours avant la journée de Friedland, il avait été remplacé par le lieutenant général Victor, et s'était remis à la tête de sa division.　　　　(*Note de l'auteur.*)

Maubourg se forma sur-le-champ au galop sur la droite, et repoussa la charge ennemie. Les différentes démonstrations que les Russes voulurent faire pour opérer une diversion, furent inutiles. Plusieurs colonnes d'infanterie ennemie qui attaquaient la droite du maréchal Ney, furent chargées à la baïonnette et précipitées dans l'Alle; ce fut à ce moment que la gauche du maréchal arriva au ravin qui entoure la ville de Friedland. L'ennemi, qui y avait embusqué la garde impériale russe, à pied et à cheval, déboucha avec intrépidité et fit une charge sur la gauche de Ney, qui fut ébranlée.

Pendant ce temps, témoin de la valeur des divers corps qui agissaient en avant de lui, le général Dupont ne recevait pas d'ordre pour entrer en ligne, et ses troupes, pleines d'ardeur, assistaient l'arme au bras au choc épouvantable de deux grandes armées. Tout à coup il s'aperçoit que l'ennemi, faisant un dernier et terrible effort, a eu recours à ses troupes d'élite, et il voit la garde impériale russe s'avancer avec impétuosité, gagner du terrain et menacer de couper la ligne française, culbutant tout ce qui s'efforce de lui opposer de la résistance.

Dans cette terrible crise, Dupont ne prend conseil que de son courage et de son expérience; il n'hésite point à commander la charge. Il se porte en avant avec son intrépide division, attaque la garde impériale russe avec une énergie et une précision de mouvements qui égalent son audace;

et, culbutant l'aile gauche de l'ennemi, un moment victorieux, il l'enfonce et *en fait un horrible carnage* (1).

Dès ce moment la face de l'affaire fut changée. Ce mouvement progressif se communique à toute la ligne comme une étincelle électrique. Partout les cris de victoire de nos soldats se mêlent au fracas de la mitraille. Les Russes vaincus fuient de toutes parts ; ceux qui échappent au fer de notre impétueuse cavalerie, vont périr dans les flots de l'Alle, ou regagnent épouvantés les rives du Niémen (2). L'armée française pénétra dans Friedland, et la victoire, si longtemps disputée, fut dès lors assurée avec ses immenses avantages.

Les éloges de Napoléon répondirent à l'héroïsme de la division Dupont, et, sur le champ de bataille même, il adressa à son général les plus hauts témoignages de satisfaction que le dévouement militaire puisse recueillir.

« Vous avez soutenu bien à propos le maréchal « Ney, lui dit-il ; c'est votre division qui a décidé « la victoire. Depuis longtemps, vous avez beau- « coup fait pour moi ; je vous donnerai des mar- « ques de ma satisfaction. »

(1) Paroles du bulletin.

(2) Dix-sept mille Russes ou Prussiens tués ou blessés, soixante-dix pièces d'artillerie, un grand nombre de caissons, plusieurs drapeaux et vingt mille prisonniers furent les trophées remportés par l'armée française dans cette mémorable journée de Friedland. (*Notes de l'auteur.*)

Après ces paroles si flatteuses, toute l'armée s'attendait à voir conférer au général Dupont le bâton de maréchal de l'empire. Ce fut à Victor qu'il fut accordé.

En récompense de sa belle conduite, le général Dupont fut créé grand cordon (1) de la Légion d'honneur, insigne que depuis longtemps l'on s'étonnait de ne pas lui voir porter. L'Empereur joignit à cette haute dignité la grande pension extraordinaire de vingt mille francs, attachée au titre de grand cordon pour quelques-uns des chefs de l'armée ; une dotation, tant en Pologne qu'en Hanovre, accordée également à plusieurs autres généraux de division, fut, en outre, ajoutée à ces faveurs qui masquaient l'absence de celle à laquelle Dupont devait s'attendre, et à laquelle personne n'avait certainement plus de droits que lui.

La paix de Tilsitt avait été le résultat de la grande victoire de Friedland.

Ce fut à ce moment de sa sublime fortune impériale que Napoléon décida la conquête de l'Espagne.

A la fin de 1807, le général Dupont revint à Paris, et il fut, peu de temps après, désigné par l'Empereur pour commander une partie des troupes expéditionnaires destinées à envahir ce pays.

(1) Ou grand aigle.   (*Note de l'auteur.*)

Jusqu'ici nous nous sommes borné à esquisser rapidement la glorieuse vie militaire du général Dupont; mais, arrivé aux événements qui ont précédé la Capitulation de Baylen, objet principal de notre ouvrage, nous pensons qu'il est nécessaire de les faire précéder d'une description sommaire de la situation du royaume d'Espagne à cette époque.

Jusqu'alors la sanglante lutte qui ravageait le continent depuis tant d'années, n'avait pas eu pour objet la prééminence entre des puissances ambitieuses. Attaquée par l'aristocratie européenne, la France n'avait fait qu'une guerre essentiellement défensive, et qui lui était imposée par la nécessité. Elle avait soutenu un combat à mort qui avait décidé le triomphe du parti démocratique dont l'Empereur était le représentant ; et le principe de l'égalité avait enfin vaincu le principe fondamental des gouvernements basés sur le privilége.

L'Angleterre était le champion du privilége, comme la France, représentée par son souverain, était celui de l'égalité. Napoléon conçut le projet de ruiner le commerce de cette puissance rivale en la privant du débouché que les produits de ses manufactures trouvaient dans les marchés du continent. En Portugal, l'influence de la Grande-Bretagne était surtout dominante. De ce point et de Gibraltar, les marchandises anglaises passaient facilement en Espagne. L'Angleterre, en s'emparant en temps de paix de quelques frégates espagnoles, donna plus de popularité à la cause des Français dans la Péninsule; toutefois, et quoique la Cour de Madrid favorisât l'Empereur, la faiblesse du gouvernement ne put réprimer le commerce de contrebande favorable aux intérêts des habitants du pays.

L'état général des affaires attira l'attention de Napoléon vers l'Espagne. Des circonstances rémarquables l'y fixèrent. Il crut que le peuple, fatigué d'un gouvernement usé, prêterait les mains à l'éloignement de la famille régnante, et il résolut de placer son frère Joseph sur le trône des Espagnes. Les exigences de son système politique et militaire lui faisaient, du reste, appréhender le danger du voisinage d'un roi de la dynastie des Bourbons; mais si toutefois les Espagnols avaient la tentation de se remuer pendant ce changement qu'il méditait, la confiance qu'il avait dans sa haute fortune et dans son vaste pouvoir lui faisait d'avance mépriser les conséquences de ce coup d'État.

Ce fut une heure fatale pour sa propre grandeur que celle où il commença à réaliser ce projet, qui répandit la désolation sur les plus belles parties de la péninsule hispanique, et qui, désastreux pour la France, fut le commencement des revers de Napoléon. La lutte prit, entre nos soldats et ce peuple éminemment vindicatif autant que brave, un caractère de férocité que rien ne vint adoucir; les Espagnols défendirent leur cause avec une cruauté héréditaire.

L'Empereur remarqua avec surprise cette énergie inattendue, et l'Angleterre, volant au secours de l'Espagne, employa toutes ses ressources pour briser les efforts du souverain français.

La famille royale d'Espagne, longtemps avant l'invasion, se trouvait troublée par des dissensions domestiques. Ferdinand, prince des Asturies, était en lutte contre sa mère, et Charles IV voyait en son fils son ennemi personnel. Vieillard faible et incapable, il était gouverné par sa femme, comme celle-ci l'était par Manuel Godoy, prince de la Paix, parvenu par ses intrigues à s'élever aux plus hautes dignités. Ferdinand haïssait naturellement ce favori, et la position du prince des Asturies avait excité en sa faveur un tel intérêt, que le peuple partageait ses sentiments. Godoy, surchargé d'imprécations, fut considéré par les Espagnols comme la seule cause de tous leurs désastres.

Le chanoine Escoiquiz, chef du parti de Ferdinand, afin de balancer l'influence du prince de la Paix, chercha un soutien auprès de l'empereur Napoléon; et, de son côté, le roi Charles IV se plaignit au souverain français de la trahison de son fils, qui, disait-il, avait projeté de s'emparer de sa couronne.

Napoléon saisit avec empressement ce prétexte pour se mêler de la politique intérieure de l'Espagne.

Godoy, peu de temps auparavant, craignant que la mort du roi ne l'exposât à la vengeance du prince des Asturies, avait fait des propositions à la Cour de France pour la conquête et la division du

Portugal, promettant l'assistance de l'Espagne, à la condition que l'on détacherait du butin une principauté dont il serait investi. Un traité *secret* avait été conclu à Fontainebleau ; et, dès lors maître de couvrir l'Espagne de ses soldats, sous la spécieuse apparence de soutenir l'armée qu'il aurait en Portugal, l'Empereur entretint la querelle entre Charles IV et son fils.

La France devait employer pour l'exécution de ce traité vingt-cinq mille hommes d'infanterie et trois mille de cavalerie ; l'Espagne, vingt-quatre mille hommes d'infanterie, trente pièces de canon et trois mille hommes de cavalerie. En même temps, une réserve de quarante mille hommes devait se rassembler à Bayonne et être prête à entrer en campagne, le 20 novembre, si les Anglais intervenaient, ou si les Portugais opposaient quelque résistance.

Junot commandait l'armée rassemblée à Bayonne, sous le nom de *premier corps de la Garonne*, et qui était destinée à envahir le Portugal. Il conduisit ses soldats à travers l'Espagne, et s'arrêta à Salamanque dans l'intention de compléter, dans ce riche pays, l'organisation de son corps, et d'attendre le moment favorable pour passer la frontière du Portugal.

Ferdinand, emprisonné par ordre de Charles IV, avait été relâché, et l'accusation portée contre lui avait donné naissance à quelques informations judiciaires. Absous du crime qui lui était imputé, il en parut repentant, accusant les personnes de son entourage d'avoir été les instigatrices de sa conduite. Toutefois, ses intrigues continuèrent, et les progrès de Napoléon prirent une extension en rapport avec les divisions intestines de la Cour espagnole.

Le lieutenant général Dupont était arrivé à Bayonne au mois de novembre 1807, pour organiser le *deuxième corps d'observation de la Gironde*, composé en entier de la conscription nouvelle. Ces troupes, formées de conscrits appelés par anticipation sous les drapeaux, jeunes soldats imberbes remplissant les cadres des régiments appelés légions, commandées par des majors tirés des dépôts, où depuis dix ans ils vivaient loin du théâtre de la guerre et presque étrangers aux habitudes des camps, étaient bien loin, par conséquent, d'offrir au général Dupont les mêmes garanties que les vieux et braves soldats qu'il avait eus sous ses ordres en 1805 et 1806 (1).

(1) A l'appui de cette assertion, nous citerons un extrait des *Mémoires du duc de Rovigo,* qui remplaça le grand-duc de Berg dans le commandement général des forces françaises en Espagne :

« L'Empereur, — dit-il, — fit rapprocher des frontières d'Es-
« pagne, du côté de la Catalogne et de la Navarre, deux corps
« d'armée, dont les troupes étaient encore bien moins orga-
« nisées que celles du corps du général Junot, qui marchaient
« sur le Portugal; ce n'étaient, pour la plupart, que des ba-

Un autre corps, sous le nom d'*armée d'observation des côtes de l'Océan*, avait été remis au commandement du maréchal Moncey. Ces deux corps formaient ensemble cinquante-trois mille hommes, dont quarante mille seulement étaient propres au combat.

Les divisions du lieutenant général Dupont en-

« taillons de *marche*. On appelait ainsi des bataillons que l'on
« formait des détachements de plusieurs détachements diffé-
« rents, qui avaient un long trajet à faire pour se rendre à la
« même armée. Les meilleurs étaient composés d'hommes ap-
« partenant à trois régiments différents; mais il y en avait
« dont les compagnies avaient des soldats de plusieurs corps,
« et même des officiers tirés d'autres corps que ces mêmes sol-
« dats; il fallait bien certainement que l'Empereur crût n'avoir
« pas de grandes opérations à faire exécuter, pour s'être décidé
« à employer des troupes dans cet état d'organisation; enfin,
« la meilleure portion était la conscription des provinces mé-
« ridionales, que Napoléon avait fait organiser en plusieurs
« corps réguliers, que l'on nomma légions : ces légions furent
« rassemblées à Grenoble, Dijon, Toulouse et Bordeaux, et le
« commandement de ces corps de réserve fut confié à des sé-
« nateurs qui avaient été militaires. »

Le colonel anglais Napier, de son côté, dans son *Histoire de la guerre de la Péninsule*, s'exprime ainsi :

« Les troupes françaises étaient formées de jeunes gens, ou
« plutôt d'enfants pris dans la dernière conscription, et disci-
« plinés seulement depuis qu'ils étaient entrés en Espagne;
« leur jeunesse et leur apparente faiblesse excitèrent le mépris
« des Espagnols. »

Le comte de Toréno, dans son *Histoire du soulèvement, de la guerre et de la révolution en Espagne*, s'exprime à peu près dans les mêmes termes.   (*Note de l'auteur.*)

trent en Espagne aussitôt qu'elles sont formées, et vont s'établir sur le Douro. A la fin de décembre, son quartier général était à Valladolid. Pendant près de deux mois de séjour qu'il fit dans cette ville et dans les cantonnements voisins, il s'occupa d'équiper et d'exercer les jeunes conscrits qui formaient son corps d'armée. La presque totalité passa dans les hôpitaux, où le nombre des malades s'accroissait journellement. Des établissements pour les galeux furent formés, presque toute l'armée étant atteinte de cette incommodité.

Le corps du maréchal Moncey avait suivi ce mouvement et était entré en Espagne à la même époque.

Qu'il nous soit permis de répéter ici les propres paroles du général Foy, dans son *Histoire de la Guerre de la Péninsule :* « Il n'y avait pas dans l'Em-
« pire un général de division classé plus haut que
« Dupont. L'opinion de l'armée, d'accord avec la
« bienveillance du souverain, le portait au premier
« rang de la milice; et, quand il partit pour l'An-
« dalousie, on ne doutait pas qu'il ne trouvât à
« Cadix son bâton de maréchal. »

Effectivement, le général Dupont avait reçu la mission de marcher sur Séville et sur Cadix, tandis que Junot, nommé gouverneur du Portugal, s'avançait vers Lisbonne, et que Murat, grand-duc de Berg, allait prendre possession de Madrid.

Tout était calme encore, malgré l'étonnement

que causait la présence des Français. —Cet état de choses ne dura pas longtemps.

L'occupation militaire, accueillie d'abord avec douceur par les Espagnols, fut bientôt entravée de toutes parts. Aussitôt que Joseph Bonaparte eut été proclamé roi à la place du souverain légitime, qui avait abdiqué (1), des insurrections éclatèrent spontanément. Madrid se souleva d'abord, Séville ensuite ; puis, enfin, le mouvement s'étendit sur toute l'Espagne, comme un vaste incendie.

Ce fut alors que se fit sentir la défectuosité du plan d'occupation.

La possession de quelques places fortes, Saint-Sébastien, Pampelune, Roses, Figuières et Barcelone, que l'Empereur avait fait occuper par surprise et sous le prétexte d'assurer le traité de Fontainebleau, et la présence de trois corps d'armée, composés de jeunes soldats qui n'avaient pas encore vu le feu, et dont la plupart étaient à peine armés et équipés, lui parurent suffire pour s'emparer de ce vaste royaume et conquérir un pays qui avait échappé à la domination romaine. — Les suites de cette immense faute ne se firent pas longtemps attendre.

(1) Charles **IV**, contraint et forcé par la révolte, avait, par décret du 19 mars, abdiqué la couronne en faveur de son fils Ferdinand. (*Note de l'auteur.*)

L'Espagne était attachée à son roi qu'elle aimait, à ses mœurs qu'elle ne changera jamais, à ses traditions qui feront toujours son orgueil ; c'est un pays de braves et de fanatiques qui, réveillés de leur torpeur d'un instant par le cri de la religion alarmée et de la liberté menacée, vont se ruer de toutes parts sur les troupes françaises et les extermineront. Au milieu de cette tempête nationale, de cet ébranlement de tout un peuple, que pourra faire le courage de nos bataillons si peu nombreux, surtout dans un pays de montagnes qui va tripler la force des assaillants (1)?

(1) Voici quelques extraits d'une lettre de Napoléon, contenant des instructions au grand-duc de Berg. La situation de l'Espagne s'y trouve retracée sous son véritable aspect, et montre les appréhensions de l'Empereur.

« Monsieur le grand-duc de Berg, je crains que vous ne me
« trompiez sur la situation de l'Espagne, et que vous ne vous
« trompiez vous-même. L'affaire du 19 mars (*l'abdication du*
« *roi*) a singulièrement compliqué les événements : je reste dans
« une grande perplexité. Ne croyez pas que vous attaquiez une
« nation désarmée, et que vous n'ayez que des troupes à mon-
« trer pour soumettre l'Espagne. La révolution du 20 mars
« prouve qu'il y a de l'énergie chez les Espagnols. Vous avez
« affaire à un peuple neuf ; il a tout le courage, et il aura tout
« l'enthousiasme que l'on rencontre chez des hommes que n'ont
« point usés les passions politiques.
« L'aristocratie et le clergé sont les maîtres de l'Espagne ;
« s'ils craignent pour leurs priviléges et pour leur existence,
« ils feront contre nous des levées en masse qui pourront éter-
« niser la guerre....
« L'Espagne a plus de cent mille hommes sous les armes,
« c'est plus qu'il n'en faut pour soutenir avec avantage une

Au mois de mars 1808, le corps d'armée du maréchal Moncey se porta sur Madrid, et le grand-duc de Berg, Murat, se rendit dans cette capitale dans les derniers jours de ce mois.

Le 14, Dupont quitte Valladolid, afin de se rapprocher du Tage. Le 7 avril, il arrive à Madrid, où Murat passe deux fois la revue de son corps

« guerre intérieure; divisés sur plusieurs points, ils peuvent « servir de noyau au soulèvement total de la monarchie.

« Je vous présente l'ensemble des obstacles qui sont inévi-« tables; il en est d'autres que vous sentirez.

« L'Angleterre ne laissera pas échapper cette occasion de « multiplier nos embarras.

« Je pense qu'il ne faut rien précipiter, et qu'il convient de « prendre conseil des événements qui vont suivre.

« *Je n'approuve pas le parti que vous avez pris de vous em-« parer aussi précipitamment de Madrid.*

« Il fallait tenir l'armée à dix lieues de la capitale.

« Votre entrée à Madrid, en inquiétant les Espagnols, a « puissamment servi Ferdinand....

« J'aviserai ultérieurement au parti qui sera à prendre; faites « en sorte que les Espagnols ne puissent pas soupçonner le « parti que je prendrai : cela ne vous sera pas difficile; *je n'en « sais rien moi-même.*

« Vous allez trop vite dans vos instructions du 14. La mar-« che que vous prescrivez au général Dupont est trop rapide; « et, à cause de l'événement du 19 mars, il y a des change-« ments à faire.

« L'armée évitera toute rencontre, soit avec les corps de l'ar-« mée espagnole, soit avec des détachements; il ne faut pas « que d'aucun côté il soit brûlé une amorce.

« Donnez vous-même l'indication des marches de mon armée « pour la tenir toujours à une distance de plusieurs lieues des « corps espagnols; *si la guerre s'allumait, tout serait perdu.....* »

d'armée et accorde des éloges à la bonne tenue de
ses troupes si jeunes encore. Le 11, il se porte
de Madrid à Aranjuez, avec la division Barbou et
la division Frésia (cavalerie). La deuxième division,
commandée par le général Vedel, fut placée à
l'Escurial, et la troisième, sous les ordres du général Frère, occupa Ségovie.

Cependant les événements d'Aranjuez (1) et
ceux qui se préparaient à Bayonne (2), commençaient à agiter les esprits. Tolède éprouve quelques mouvements; Dupont s'y rend le 23, afin de
les calmer, et y établit son quartier général. Pendant vingt-neuf jours qu'il demeura dans cette
ville, les précautions prises par les autorités
militaires et civiles y maintinrent la plus grande
tranquillité malgré le soulèvement de Madrid,
qui fut le signal de l'insurrection de l'Espagne.

Le 2 mai (3), en effet, des troubles sérieux
éclatèrent dans la capitale : on égorgea les malades dans les lits du grand hôpital, et de toutes les
croisées on fusilla les officiers et les soldats qui
passaient dans les rues, victimes de leur sécurité.

(1) Le peuple avait voulu assassiner le prince de la Paix,
le 18 mars, et le roi, épouvanté de la fureur populaire, avait
abdiqué le même jour dans cette ville en faveur de son fils
Ferdinand.

(2) C'était dans cette ville que l'assemblée des notables,
réunie par les soins de l'Empereur, devait reconnaître le nouveau roi d'Espagne, Joseph Napoléon.

(3) Déjà le 18 mars, le peuple de Madrid avait pillé la maison de Godoy.   (*Notes de l'auteur.*)

Les assassins, comptant sur une surprise et sur une fuite complète, afin qu'aucun Français n'échappât, avaient fait prévenir partout, dans les villes et villages, sur la route, qu'on se tînt prêt à massacrer tout ce qui repasserait. Les troupes, bientôt rassemblées, firent cesser le tumulte en peu de temps, mais un grand nombre de Français périrent au milieu de ce désordre (1) qui donna lieu, de la part des officiers, à de terribles représailles sur ceux d'entre les habitants qui furent pris les armes à la main. Peu de jours après, de semblables soulèvements et des massacres eurent lieu à Valence, à Cadix, à Badajoz, à Carthagène, à Grenade; en Andalousie, en Aragon, en Estramadure et à Santander, sur la côte de Biscaye; en Catalogne, dans la Galice, dans les Asturies et dans la Navarre.

Déjà, comme on le voit, la situation de l'armée française avait changé de face, et elle exigeait des précautions analogues à la fermentation croissante qui grondait sourdement, ainsi qu'à la gravité des circonstances.

Le 24 mars, Ferdinand avait fait son entrée à Madrid, mais il ne fut pas reconnu roi par Murat. Charles IV avait écrit, en effet, au grand-duc de Berg, et lui avait déclaré que son abdication était le résultat de la force.

(1) Selon le colonel anglais Napier, plus de sept cents Français périrent; cent vingt Espagnols seulement furent tués.

(Note de l'auteur.)

Napoléon, instruit de ces événements, envoya le général Savary, duc de Rovigo, pour faire exécuter ses plans, considérablement dérangés par la véhémence du peuple et par l'excessive précipitation de Murat à prendre possession de la capitale.

Le duc de Rovigo n'eut pas de peine à décider le nouveau monarque à se rendre au-devant de l'Empereur, qui, disait-il, le reconnaîtrait lui-même pour roi d'Espagne et des Indes; et le 10 avril, Ferdinand, après avoir convoqué une junte suprême, commença son voyage de Bayonne. Partout, le peuple manifesta la répugnance qu'il avait pour son départ. A Vittoria, il coupa les traits des chevaux de sa voiture, et plusieurs fois des hommes courageux offrirent, au péril de leur vie, de l'enlever au milieu des troupes françaises répandues sur la route. Méprisant tous les avertissements, le prince continue à avancer, et le 20 il se trouve prisonnier dans Bayonne.

Pendant ce temps, Charles IV, qui, sous la protection de Murat, avait repris ses droits, et obtenu la liberté de Godoy emprisonné, quitta l'Espagne, et se jeta, lui, sa cause et son royaume, entre les mains de l'Empereur.

A Bayonne, Charles IV réclama ses droits en présence de Napoléon, et envoya à Murat le titre de lieutenant général du royaume. Le 10 mai, cette nomination et le rétablissement du vieux roi sur son trône furent proclamés à Madrid, alors que, cinq jours avant, ce monarque avait encore une fois fait l'abandon définitif de sa couronne.

Le trône était donc vacant. Napoléon avait résolu à l'avance d'en disposer en faveur d'un des membres de sa famille, et son frère Joseph, roi de Naples, qu'il avait appelé auprès de lui, arriva à Bayonne le 7 juin. Le 15, les quatre-vingt-onze Espagnols de distinction, formant l'assemblée des notables, acceptèrent Joseph Bonaparte pour roi et adoptèrent la nouvelle constitution.

Le 9 juillet, Joseph passa la frontière; il arriva le 12 à Vittoria; le 20 il entra dans Madrid, et le 24 fut proclamé roi d'Espagne et des Indes.

Revenons sur nos pas.

Nous avons dit qu'après l'insurrection de Madrid, le 2 mai, des troubles sérieux avaient éclaté dans beaucoup de provinces. Cette nouvelle avait en effet porté de toutes parts l'épouvante, et quand celle des abdications, des perfidies et des événements de Bayonne vint à se répandre en Espagne, un cri d'indignation et de guerre que jetèrent avec une admirable résolution les capitales, alla se répéter et résonner dans les bourgs et les cités, dans les villages et les hameaux. Les femmes et les enfants, les jeunes gens et les vieillards, transportés de colère et enflammés de l'amour de la patrie, demandèrent à grands cris, et d'une voix unanime, une prompte et terrible vengeance. La Péninsule renaquit pour ainsi dire, forte, vigoureuse, pleine d'audace, au souvenir de ses gloires passées, et les provinces devinrent agitées, soulevées, furieuses.

Le voyageur qui, un an plus tôt, avait traversé ce pays au milieu de la solitude et du morne abattement de ses populations, s'il fût alors revenu les visiter, en les voyant tout à coup si pleines de mouvement, de trouble, d'anxiété, aurait pu, non sans raison, attribuer à quelque magique métamorphose un changement si étrange et si subit. L'histoire ne nous a pas transmis de plus grand exemple d'un soulèvement si prompt, si unanime, contre une invasion étrangère. Comme si un dessein prémédité, une intelligence unique eût dirigé et gouverné cette glorieuse détermination, la plupart des provinces se levèrent spontanément et presque le même jour, sans que plusieurs d'entre elles eussent pu avoir la moindre connaissance de l'insurrection des autres, et animées toutes à la fois du même esprit d'exaltation et d'héroïsme. On ne peut se faire une idée des horreurs qui se commirent alors sur toute la surface de l'Espagne. A Séville, un gouvernement local, qui prit le nom de junte suprême d'Espagne et des Indes, déclara la guerre au nouveau roi ; commanda à tous les hommes, depuis seize ans jusqu'à soixante, de prendre les armes ; appela les troupes du camp de Saint-Roch à venir reconnaître son autorité ; et ordonna à Solano d'attaquer l'escadre française de l'amiral Rosily, qui avait pris refuge à Cadix contre la flotte anglaise. Solano ayant hésité, fut massacré par la populace excitée par un agent de la junte. A Séville même, l'innocent comte d'Aguilar fut arraché de sa voiture, et son corps déchiqueté par des assassins, dirigés par le comte Guzman de Tilly, membre influent de la junte, que l'histoire dépeint comme « capable de déshonorer une nation entière « par ses crimes. » Ces assassinats servirent d'exemple à toute l'Espagne; on pourrait à peine citer une ville dans laquelle des personnes pleines de vertus et de mérite n'aient pas été sacrifiées. Grenade eut ses massacres, et Carthagène rivalisa de cruauté avec Cadix; Valence immola son gouverneur, don Manuel de Saavedra, ainsi que les résidents français; et pendant douze jours entiers, Balthazar Calvo, chanoine de l'église de Saint-Isidore, parcourut sans obstacles les rues de cette ville, suivi d'une troupe d'assassins brandissant leurs couteaux et versant partout des flots de sang. Plusieurs centaines d'innocentes victimes tombèrent immolées par la rage meurtrière de ce prêtre fanatique, et ce ne fut que lorsque l'impunité dont il jouissait l'enhardit à menacer la junte elle-même, que les membres de ce corps politique, voyant leur vie menacée, parvinrent à se rendre maîtres de ce brigand, et le firent étrangler avec deux cents de ses complices. A Badajoz, le comte de la Torre del Fresno fut égorgé par le peuple, et son corps déchiré fut traîné en triomphe dans les rues. A Talaveyra de la Reyna, le corrégidor n'échappa qu'avec peine et par une prompte fuite à un sort semblable. Léon offrit également le spectacle de la plus complète anarchie. A Valladolid et dans toutes les grandes villes, les patriotes insurgés portèrent des mains homicides sur tous ceux qui refusaient de satisfaire leurs désirs; et, de plus, le pillage fut ajouté au meurtre. A Villafranca del Bierzo, Filanghieri, gouverneur de la Corogne et Italien de naissance, qui avait déjà échappé à la fureur de la populace, fut saisi par des soldats du régiment de Navarre, qui, ayant planté leurs baïonnettes en terre, proches l'une de l'autre, et le faisant sauter sur une couverture, le laissèrent tomber ensuite sur la pointe de ces armes, où ils l'abandonnèrent aux agonies d'une mort cruelle.

Cinquante mille baïonnettes tenaient en respect les grandes villes de la Biscaye et des deux Castilles; mais les paysans firent à leur manière la guerre aux traînards et aux malades, et la chaîne des hostilités enserra bientôt d'un fatal réseau la ligne qui entourait l'armée française.

Voilà quelle fut l'énergique cruauté que déploya tout à coup l'Espagne, que l'on croyait jusque alors énervée et avilie. La foule énorme des prêtres et des moines ne trouva aucune difficulté à persuader à un peuple ignorant et dévot, que les Français agresseurs étaient aussi les ennemis de la religion, et maudits de Dieu. Les processions, les miracles, les prophéties, les distributions de reliques, furent alors employés pour fanatiser la masse des patriotes. Dans chaque partie de la Péninsule, le clergé se distingua par l'activité de son zèle; les moines, les religieux de tous ordres furent les chefs des révoltés, ou se tinrent près de ceux qui excitaient le peuple à commettre des actions barbares.

L'état de la civilisation en Espagne était propre à favoriser une insurrection. Dans un pays où les besoins que fait naître une vie civilisée sont moins connus que dans aucune autre partie de l'Europe; où la chaleur et la sécheresse du climat font qu'il n'y a pas de privation ni même d'inconvénient à dormir en plein air la plus grande partie de l'année; où l'usage général est d'être armé, il ne fut pas difficile à quelques hommes doués d'énergie, de rassembler, de retenir et de faire marcher ensemble de fortes masses de paysans qui, tempérants par habitude, et ne possédant que peu de mobilier, étaient moins touchés du délaissement de leurs demeures que ne le serait le peuple d'un autre pays. Une fois engagés dans ces expéditions, l'insouciance de leur esprit et la beauté du ciel leur firent considérer comme peu important le lieu vers lequel ils portaient leurs pas et la route où les dirigeaient des chefs fanatisés.

Les maux qui avaient affligé cette contrée avant l'époque de l'intervention française, servirent à préparer d'ailleurs les Espagnols à commettre des actes de violence, et aidèrent à tourner cette violence contre les envahisseurs. La famine, l'oppression, la pauvreté, les maladies, la ruine de leur commerce, l'inégalité des taxes, avaient fortement pesé sur eux. Le peuple, auquel on avait appris à considérer Godoy comme le seul auteur des misères qu'il souffrait, et Ferdinand comme son sauveur, voyait dans les soldats français les protecteurs du premier et les oppresseurs du second, et il fut facile d'ajouter cette nouvelle cause d'animosité à la haine naturelle que lui inspirait la domination de l'étranger.

Voilà quelles furent les causes principales qui produisirent cette grande révolution, dont découlèrent des événements si importants.

Environ onze mille Suisses, à la solde d'Espagne, et trente mille miliciens, étaient dispersés dans plusieurs parties du royaume, principalement dans l'Andalousie ; le reste des troupes, qui complétait le chiffre de cent mille hommes environ, était occupé en Portugal. Outre cette force armée, il y avait une sorte de réserve locale, appelée *milice urbaine*, très-négligée ; mais une telle institution avait néanmoins le puissant avantage de pouvoir fournir des hommes en abondance ; et, comme la plus grande difficulté dans une crise subite est de préparer un cadre d'organisation, ce n'était pas une faible ressource pour les insurgés que de trouver un ordre de service prêt, et tel que son principe était déjà connu et compris par le peuple.

Cependant Murat, en pressant son arrivée à Madrid, ainsi que celle des corps d'armée de Moncey et de Dupont, avait laissé dégarnie de troupes la longue ligne de communication avec la France. L'Empereur, pour réparer cette faute, fit former dans la Navarre un nouveau corps qui devait aller prendre la position abandonnée par Moncey. Au mois de juin, ce corps s'élevait à vingt-trois mille hommes qui furent placés sous les ordres du maréchal Bessières, avec le titre d'*Armée des Pyrénées-Occidentales.*

Bessières, dès les premières apparences de troubles, porta son avant-corps à Burgos, occupa Vittoria, Miranda de Ebro et autres villes, et plaça des postes en avant vers Léon. Il fit mettre en état de défense la ville et le château de Burgos, y plaça ses dépôts et en fit le centre et le pivot de ses opérations, tandis que les postes intermédiaires et les forteresses établissaient sa ligne avec Bayonne, où une réserve de vingt mille hommes se formait, sous le général Drouet, commandant alors la onzième division militaire.

D'un autre côté, dès le 9 février, onze mille hommes d'infanterie, seize cents de cavalerie et dix-huit pièces d'artillerie, sous le commandement du général Duhesme, avaient passé la frontière à la Jonquières et marché sur Barcelone; Duhesme s'était emparé de la citadelle de cette ville, et avait pris possession du fort de Monjuik et de la citadelle de Figuières. — Le corps, sous les ordres du général Duhesme, portait le nom d'*Armée des Pyrénées-Orientales.*

L'Andalousie avait une très-grande importance; une division de troupes régulières, qui, sous le commandement de l'infortuné Solano, avait été rappelée du Portugal, était assez bien disciplinée; un corps considérable de vieilles troupes était rassemblé au camp de Saint-Roch, sous les ordres

du général Francisco Xavier Castanos, et les garnisons de Ceuta, d'Algésiras, de Cadix, de Grenade et autres villes, étant réunies, pouvaient
former une armée considérable, outre l'immense
foule d'insurgés et de paysans armés qui deman-
daient à grands cris à marcher à la rencontre des
Français. La superbe fonderie de canons de Séville
et l'arsenal de Cadix, fournissaient des moyens
d'équipement et le matériel de l'artillerie. Des
communications actives avaient lieu entre les patriotes espagnols et les Anglais, qui fournirent
au général Castanos des armes, des munitions et
de l'argent.

Les juntes de Grenade, de Jaën et de Cordoue
avaient reconnu la suprématie de celle de Séville.
La distance de l'Andalousie de la capitale, la bar-
rière de la Sierra-Morena qui la couvre, semblable
à une immense muraille, favorisèrent l'insurrection, surtout dans cette province; donnèrent les
moyens d'y établir une guerre systématique, et
d'y réunir tous les éléments d'une vigoureuse
résistance. Cependant les insurgés, après s'être
préparés à la défense, attendirent l'attaque des
Français.

Ce fut à ce moment que le grand-duc de Berg,
voulant pourvoir à la tranquillité du midi et réprimer les soulèvements de l'Andalousie, chargea
le lieutenant général comte Dupont (1), d'aller

(1) Dupont venait de recevoir de Napoléon sa nomination
de comte de l'empire.   (*Note de l'auteur.*)

occuper la destination qui lui était désignée à Cadix; et, quoique l'état des choses ne permît pas que son corps d'armée fût divisé pour s'avancer aussi loin du centre des forces françaises, il reçut cependant l'ordre de marcher avec la division Barbou seulement, et la division Frésia, cavalerie, le prince Murat retenant à Madrid les deux divisions Vedel et Frère. Un bataillon des marins de la garde impériale, commandé par le capitaine de vaisseau Daugier, et les deux régiments suisses de Preux et de Reding, au service d'Espagne, d'une fidélité douteuse, l'accompagnèrent aussi sous les ordres du général Rouyer. Un détachement de gendarmerie le suivait, ainsi que dix-huit pièces d'artillerie commandées par le général Faultrier. Ces forces formaient un total de onze mille hommes environ. Trois mille hommes d'infanterie, cinq cents chevaux et dix pièces de canon, pris de l'armée en Portugal, devaient le rejoindre en Andalousie; il devait aussi incorporer parmi ses troupes trois autres régiments suisses cantonnés dans la province.

Dupont avait avec son corps un surcroît d'embarras qu'il lui fut impossible de laisser à Madrid, malgré ses vives réclamations. L'Empereur avait attaché à sa suite, pour les établir en Andalousie, toutes les parties d'administration nécessaires pour le gouvernement de cette province, et parmi les employés qui faisaient partie de ces administrations, plusieurs, suivis de leur famille, emmenaient, en outre, avec eux un énorme encombrement de bagages, qui, joints à ceux indispensables à l'armée, aux voitures de munitions de guerre et de bouche, ainsi qu'aux ambulances, devaient rendre bien plus pénible encore la marche des troupes.

Ce fut le 23 mai que le comte Dupont partit de Madrid avec son corps. Il se dirigea donc vers l'Andalousie, traversa la Manche, passa les défilés de la Sierra-Morena par la porte du Despena-Perros, au commencement de juin, et se porta sur le Guadalquivir, par la Caroline et Baylen, pendant que, de son côté, le maréchal Moncey prenait la route de Valence. Les troupes françaises avaient traversé péniblement la Manche, et y avaient trouvé des vivres en si grande abondance, qu'elles avaient laissé en dépôt, dans le magasin à blé de Santa-Cruz-de-Mudela, le biscuit et les autres provisions de bouche qu'elles portaient avec elles.

Le 2 juin, les troupes françaises pénétrèrent dans les défilés de la Sierra-Morena. Jusque alors Dupont avait bien remarqué dans les habitants de l'inquiétude et de l'éloignement, mais aucun symptôme plus grave ne s'était encore manifesté. Arrivé à la Caroline, ses soupçons s'éveillèrent, en voyant ce bourg abandonné et désert.

A son arrivée à Andujar, le général en chef apprit qu'une junte insurrectionnelle s'était établie à Séville; que d'autres, moins importantes, gouvernaient Grenade, Jaën et Cordoue; que la guerre était formellement déclarée aux Français; que toute l'Andalousie s'armait; que les troupes du camp de Saint-Roch, les régiments de milice ainsi que les régiments suisses, dont il devait prendre le commandement, avaient embrassé la cause de l'insurrection ; que d'autres troupes se formaient encore, et que les paysans en armes parcouraient le pays; enfin, que cette vaste province était entièrement soulevée, et qu'un rassemblement considérable devait avoir lieu aux environs de Cordoue. Il apprit aussi que le général Avril, commandant le détachement en route du Portugal, avait fait halte à Tavora, et se préparait à retourner à Lisbonne, connaissant l'état d'agitation du pays.

Alarmé par ces nouvelles, Dupont s'empressa d'écrire à Murat pour lui demander des renforts; et, rapprochant de lui les arrière-gardes de ses colonnes, il établit dans Andujar un hôpital dont la nécessité se faisait déjà sentir.

Nous avons jusqu'ici suivi pas à pas les opérations militaires que dirigea ou auxquelles prit part le général Dupont.

A partir de ce moment, tous les historiens, s'appuyant sur des récits mensongers, sur les pièces peu connues d'une procédure despotique et irrégulière, et sur les opinions écrites des membres d'un conseil d'enquête choisis par l'Empereur lui-même, qui leur avait à l'avance tracé leurs réponses et signifié son souverain bon plai-

sir, ont outragé le noble caractère du comte Dupont, en l'accusant de s'être entendu avec les
Espagnols pour trahir la cause de Napoléon et de
la France, de s'être battu mollement contre l'ennemi, et d'avoir signé une capitulation honteuse,
déshonorante, dont le but était la conservation de
richesses pillées dans la ville de Cordoue.

Notre désir, nous l'avons dit en commençant,
est de porter le flambeau de l'investigation la
plus profonde au milieu des ténèbres qui vont
surgir autour de nous. Nous redoutons d'ailleurs
si peu, pour le comte Dupont, l'examen entier de
sa conduite pendant le cours de cette campagne,
que nous la mettrons, au contraire, le plus possible
en relief, sans rien taire ni rien cacher, persuadé
que de la vérité seule jaillira, sans conteste, l'approbation complète à tous les ordres, à tous les
mouvements, à toutes les opérations de ce général.

Bien plus, il nous semble tellement important,
pour la réhabilitation de la mémoire de Dupont, d'attirer l'attention du lecteur sur cette
partie importante de sa vie, qu'anticipant sur le
cours des événements qui vont suivre, nous donnerons ici, en son entier, l'acte d'accusation que,
par ordre de l'Empereur, on porta contre le comte
Dupont à son retour en France.

Ainsi prévenu à l'avance, on suivra sans doute,
avec une curiosité d'autant plus grande, ce récit
compliqué, que le crime dont le général Dupont
fut accusé, est plus monstrueux et plus infâme.

Cet acte d'accusation est ainsi conçu :

« Des interrogatoires des prévenus, des décla-
« rations des témoins et des pièces de la procé-
« dure ;

« Il résulte :

« 1° Que le général Dupont a laissé le pillage
« de Cordoue se prolonger au delà des premiers
« moments donnés à la fureur du soldat ;

« 2° Qu'il n'a donné des ordres pour la sûreté des
« caisses publiques que trois jours après **son entrée**
« à Cordoue ;

« 3° Qu'il n'a pas fait faire les versements de
« tous les fonds à la caisse du payeur général ;

« 4° Qu'il a évacué Cordoue sans emmener tous
« les malades, quoiqu'il eût huit cents voitures
« d'équipages ;

« 5° Qu'il a donné, le 18 juillet, à la levée du
« camp d'Andujar, trop de soins à la conservation
« des équipages, ce qui l'a empêché de déployer
« toutes ses forces contre l'ennemi, à son arrivée à
« Baylen, le 19 au matin ;

« 6° Qu'il a, en demandant une trêve le 19,
« négligé de stipuler par écrit aucunes condi-
« tions ;

« 7° Qu'il a compris dans cette trêve, ensuite, les
« divisions Vedel et Dufour, pour qui elle n'avait
« pas été et ne pouvait être stipulée ;

« 8ᵉ Qu'il a fait rendre à l'ennemi des prison-
« niers, des canons, des drapeaux pris par la di-
« vision Vedel, selon les lois de la guerre ;

« 9° Qu'il a rejeté, le 20, les propositions du
« général Vedel, de s'entendre avec lui et de re-
« prendre le combat ; et celles du général Privé,
« de sacrifier les bagages, de prendre les troupes
« qui les gardaient et de faire une attaque contre
« Reding, en même temps que le général Vedel
« l'attaquerait aussi ;

« 10° Qu'il a donné successivement au général
« Vedel, le 20, des ordres contradictoires, tantôt
« de se retirer sur la Sierra-Morena, tantôt de
« rester ; tantôt de se regarder comme libre, tan-
« tôt de se regarder comme compris dans la
« trève ;

« 11° Qu'il a tenu, le 20, un prétendu conseil
« de guerre, et y a laissé délibérer de capituler,
« sans y appeler le général Vedel ni aucun officier
« de sa division ;

« 12° Qu'il a envoyé un plénipotentiaire pour
« négocier la Capitulation sans instructions écrites
« et précises ;

« 13° Qu'il a ensuite autorisé, dans la nuit du 21
« au 22, ce plénipotentiaire à signer des condi-
« tions honteuses et déshonorantes pour les soldats
« français ;

« 14° Qu'il y a stipulé la conservation des bagages

« et effets avec un soin qui semble annoncer que
« c'était un des motifs déterminants de la Capitu-
« lation ;

« 15° Qu'il a compris dans cette Capitulation,
« sans en avoir le droit, deux divisions entières,
« libres, non engagées, ayant les moyens de se re-
« tirer sur Madrid ;

« 16° Qu'il paraît l'avoir fait afin d'obtenir de
« meilleures conditions à sa propre division ;

« 17° Qu'il a trompé le général Vedel en lui
« écrivant et lui faisant écrire, le 21 au matin,
« qu'il était compris dans une capitulation qui
« n'existait pas alors, qui ne lui a été communi-
« quée que la nuit du 21 au 22, et n'a été signée
« que le 22 à midi ;

« 18° Qu'il a ainsi, non-seulement sacrifié la di-
« vision Barbou, qui était sous ses ordres, et la di-
« vision Vedel à qui il avait perdu le droit d'en
« donner, mais encore les troupes qui assuraient la
« communication avec Madrid, depuis Sainte-Hé-
« lène jusqu'à Mançanarès ;

« 19° Qu'il est cause de la perte de la province
« de l'Andalousie, et a, en ouvrant à l'ennemi l'en-
« trée de la Manche et le chemin de Madrid, ex-
« posé tous les Français qui étaient dans cette par-
« tie de l'Espagne, à être attaqués et accablés par
« le nombre ;

« 20° En conséquence, le général Pierre Dupont,

« âgé de quarante-sept ans, général de division,
« comte de l'empire, grand aigle de la Légion d'hon-
« neur, est accusé d'avoir compromis la sûreté
« extérieure de l'État, en signant une capitulation
« par laquelle il a livré à l'ennemi, non-seulement
« sa propre division, ses canons, armes, muni-
« tions; mais encore les postes occupés par la divi-
« sion Vedel, ses canons, armes et munitions, et
« ouvert ainsi la province de la Manche et la route
« de Madrid à l'armée du général Castanos; crime
« prévu par l'article 77 du Code pénal. »

Ainsi le général Dupont est accusé de *Mensonge!*
d'*Imprévoyance!* d'*Impéritie!* d'*Inhumanité!* de *Vol!!*
de *Lâcheté!!!* de *Trahison!!!!* et il est considéré
comme la seule et unique cause de la perte de tout
un corps d'armée!

C'est en vain que nous compulserions les archives de l'histoire, même la plus reculée; nous ne
trouverions pas l'exemple d'un forfait aussi atroce.
En vain nous fouillerions les annales de tous les
peuples, même les moins civilisés, nos recherches
seraient infructueuses. Un semblable traître n'a
pas encore existé! et il devait être réservé à la
nation française, la plus courageuse et la plus
loyale entre toutes, de présenter la première une
aussi horrible anomalie. Et, chose bien plus pénible! celui qui se serait souillé de cette infâme tur-
pitude, est un brave soldat que la victoire avait déjà
couronné de ses lauriers; un général qui avait à

conserver pur et sans tache l'éclat d'un nom cher
à l'armée et à ses concitoyens, et qu'attendait, sous
peu, la haute récompense de ses glorieux services,
le titre de maréchal de l'empire.

En présence d'une accusation aussi grave, aussi
imprévue, l'esprit est saisi d'un douloureux étonnement!

Lecteur impartial qui n'êtes guidé que par le
désir de connaître la vérité, suivez attentivement
le fil de cette narration ; vous serez bientôt en état
d'apprécier sainement les événements de cette
campagne, et de rendre à chacun la part de justice
qui lui est due!

Nous avons laissé le général Dupont à Andujar.

Sentant que les hostilités devenaient imminen-
tes, il se mit en mouvement le 6 juin, passa le
Guadalquivir, et continua sa marche vers Cordoue,
en suivant la rive gauche du fleuve.

Il occupa successivement Montoro, Carpio, Bu-
jalence et marcha sur Alcoléa, situé à deux lieues
de Cordoue. Le 7, au point du jour, il arriva devant le village d'Alcoléa, dont le séparait un long
pont en marbre noir, jeté sur le fleuve. Il y trouva
les insurgés fortement retranchés sur les deux rives. La tête du pont était défendue par douze
pièces d'artillerie ; un corps d'environ dix mille
hommes occupait la rive droite, et un autre, un
peu moins considérable, garnissait la rive gauche.

En tout seize à dix-huit mille combattants (1), sous les ordres du général espagnol Echavarri.

Le corps de Dupont avait marché toute la nuit. La division Barbou engage aussitôt un feu très-vif, pendant qu'en réserve et devant les hauteurs se placent la cavalerie, les régiments suisses et le bataillon de marins ; la brigade Pannetier aborde les ouvrages, franchit les fossés et s'élance avec audace sur les parapets. Le pont est emporté. Pendant ce temps, le général Frésia, soutenu par les marins de la garde, exécute plusieurs charges à la tête des dragons et des chasseurs, et refoule des masses considérables de paysans qui, pendant l'action, étaient descendus des hauteurs. Dupont, laissant alors le bataillon de marins devant Alcoléa, pour protéger le pont, s'avance avec le reste de ses troupes pour achever la victoire. A son approche, les Espagnols abandonnent leur position et leur camp, près de Cordoue ; la plaine est promptement balayée des corps qui l'occupaient, et l'ennemi, se retirant en désordre le long du fleuve,

---

(1) Nous ferons observer qu'il ne nous a pas été possible, en consultant même les sources et les documents les plus authentiques, d'apprécier d'une manière irrécusable le nombre d'ennemis que, dans les divers engagements qu'il soutint en Andalousie, le général Dupont eut à combattre. Les récits sont tous plus ou moins contradictoires, quant au nombre des troupes espagnoles. En général, il faudra remarquer qu'il y avait toujours à peu près moitié de troupes réglées et moitié de nouvelles recrues, et qu'en outre, une foule de paysans armés garnissaient constamment les montagnes et harcelaient les Français par derrière et sur les flancs. (*Note de l'auteur.*)

se jette dans cette ville et en ferme les portes. Le village d'Alcoléa avait été occupé, après qu'on en eut expulsé les insurgés, auxquels on enleva un grand nombre de prisonniers, trois pièces d'artillerie et les ambulances.

Dupont se remet sur-le-champ en marche et arrive le même jour devant Cordoue, à trois heures de l'après-midi. Préparée à une attaque, cette ville résiste aux sommations qui lui sont faites, et du haut des murs crénelés, des coups de feu sont la seule réponse des Espagnols. Une prompte attaque était nécessaire. Il fallait prévenir les secours que la ville pouvait recevoir à tout instant du pays révolté ; vainement Dupont emploie un prêtre comme parlementaire. Des murailles, des couvents et des maisons particulières, des coups de fusil accueillaient toujours les troupes françaises. Il se décide enfin à faire jouer l'artillerie, et les sapeurs enfoncent la Porte-Neuve. La quatrième légion de réserve, précédée du général Chabert, pénètre la première, au milieu de la mousqueterie qui part des maisons, des tisons enflammés qu'on lui lance des fenêtres, et de l'huile bouillante qu'on verse sur elle. On combat l'ennemi de rue en rue, de place en place ; on occupe d'abord les points essentiels, et après quatre heures de combat, les ennemis refoulés hors de l'enceinte s'enfuient dans les directions d'Andujar et de Séville.

Épuisés de lassitude et dévorés d'une soif ardente, les soldats se jetèrent avec avidité sur toutes les boissons dont ils purent s'emparer. Il en résulta un état d'ivresse qui les porta à différents excès qu'il fut impossible de réprimer dans les premiers moments. Les troupes qu'on avait fait porter en avant sur les deux routes de Séville, n'ayant pu être approvisionnées, aucune autorité locale ne se trouvant à son poste, une partie força les consignes et rentra en ville où elle commit de déplorables désordres.

Le général en chef Dupont s'empressa d'apporter une énergique répression à l'effervescence momentanée de ses jeunes soldats sans expérience, qui, ayant vu le matin le feu pour la première fois, assistaient aussi pour la première fois à l'envahissement d'une place ; et, les troupes criant qu'il fallait brûler la ville pour la réduire, il courut lui-même à leur tête et arrêta leur fureur. Le pillage fut défendu sous peine de mort ; la générale fut fréquemment battue. Les officiers d'état-major montèrent à cheval et dirigèrent d'abord vainement des patrouilles. Ce ne fut qu'après de grands efforts, et le lendemain seulement, que l'on put rétablir complétement l'ordre et ramener la sécurité parmi les habitants. Au milieu de ces désordres, on remarqua beaucoup d'Espagnols qui, eux-mêmes, se réunissaient aux soldats français et les excitaient à participer au pillage.

Le commandement de Cordoue fut remis au général Laplane, qui arrêta des mesures sévères de police. Tous les corps campèrent hors des murs ; des troupes d'élite et le bataillon des marins de la garde exercèrent une active surveillance, et des inspections rigoureuses furent faites pour assurer l'exécution des règlements. On fit un inventaire régulier des caisses publiques, auprès desquelles on plaça des gardes; les fonds en furent employés aux besoins du service, et il ne fut établi aucune contribution militaire (1).

En donnant pour la protection de Cordoue les ordres les plus sévères, Dupont observait à la fois les principes de la guerre et ceux d'une sage politique. Il suivait d'ailleurs un sentiment de bienveillance qui l'avait constamment animé pour une nation dont il voyait à regret les qualités mécon-

(1) Le comte Dupont fit verser entre les mains du payeur général de l'armée deux cent cinquante mille francs environ que l'on trouva dans une des caisses publiques, et qui furent affectés au payement de la solde. Le montant d'une autre caisse, contenant soixante mille francs, fut employé à la restauration des haras de Cordoue. Des procès-verbaux du versement de ces fonds furent dressés et signés par les autorités françaises et espagnoles. — Environ quatre cent cinquante mille francs furent trouvés en outre dans deux caisses prises sur les rebelles; sur cette somme, trois cent mille francs furent donnés en gratification aux officiers généraux supérieurs et autres officiers du corps d'armée, pour leur tenir lieu des indemnités auxquelles ils avaient droit; une autre partie de ces fonds fut employée aux dépenses des hôpitaux, à des convois de vivres achetés dans les provinces où nos réquisitions ne pouvaient pas s'étendre faute de troupes, et aux travaux de l'artillerie et du génie; enfin, une somme d'environ quatre-vingt mille francs fut pillée au port Sainte-Marie, dans les fourgons du payeur général, avec tous les effets de l'état-major, auxquels cette somme se trouvait réunie. (*Note de l'auteur.*)

nues, les droits violés, et que, même en la combattant, les Français pouvaient à peine regarder comme ennemie de la France (1). Ses troupes avaient beaucoup de prisonniers entre les mains; il s'empressa de faire remettre aux alcades de la province, qui en répondirent, les hommes qui faisaient partie des nouvelles levées. Cet acte de modération, et toutes les mesures qu'il avait prises, firent un excellent effet sur la population, et favorisèrent les approvisionnements du corps d'armée. Tel fut le début glorieux de ces jeunes soldats qui, dans ce premier combat, s'aguerrissaient par la victoire.

Dupont avait fixé son quartier général à Cordoue. Il envoya des éclaireurs qui poussèrent jusqu'à Ecija sans rencontrer l'ennemi; mais d'après les nouvelles antérieures, craignant d'être trop faible pour lutter contre la nombreuse armée qui se réunissait à Séville, et attendant d'ailleurs les renforts qu'il avait demandés à Madrid, il arrêta sa marche.

Si le général Dupont avait eu en ce moment son corps tout entier, il eût pu facilement empêcher la formation de l'armée de Séville, dissoudre les nouvelles levées et contenir tout le midi de l'Espagne; mais le peu de troupes dont il pouvait

(1) Suivant la propre expression de Napoléon, cette guerre était une sorte de *Sacrilége*. (*Voir* tous les mémoires du temps.)

(*Note de l'auteur.*)

alors disposer, et la vitesse prodigieuse avec laquelle s'étendit l'insurrection, ne lui permit pas de la réprimer.

La nouvelle du revers d'Alcoléa et l'arrivée des fugitifs dans Séville causèrent un grand effroi. Castanos qui, quelques jours auparavant, avait été nommé capitaine général des armées, était alors en marche avec un corps de troupes qu'il ramenait du camp de Saint-Roch. Il arriva à Séville le 9, et Echavarri lui remit le commandement de ses bataillons. Castanos fixa ses avant-postes à Utréra, en arrière de Séville, y réunit en outre les garnisons des villes les plus voisines, et faisant arriver sur ce point les nouvelles levées, il hâta la marche des différents régiments qui devaient composer son armée.

On a dit que, si Dupont se fût avancé en ce moment, l'occupation de l'Andalousie était assurée ; mais on n'a pas considéré qu'au milieu d'un pays soulevé, il était impossible à ce général de se procurer d'exacts renseignements. Était-il prudent, d'ailleurs, de s'engager en avant avec un corps d'armée si peu nombreux ? Dupont avait écrit au général Avril, qui commandait la division de Portugal, de hâter son arrivée sans délai, et il resta dans Cordoue, tourmenté des difficultés et des dangers qui l'entouraient évidemment ; car en peu de jours Castanos avait rassemblé à Carmona et à Utréra près de soixante mille combattants. Deux étrangers aidaient ce général espagnol dans cette organisation : l'un, le marquis de Coupigny, émigré français, homme fin et rusé, ayant l'expérience de la guerre; l'autre, Reding, officier suisse, brave et entreprenant.

La confiance n'avait pas tardé à renaître dans Séville, à mesure qu'il arrivait un plus grand nombre de troupes, et bientôt l'on projeta de cerner Dupont dans Cordoue. Castanos envoya un détachement occuper les passes de la Sierra-Morena, qui conduisent en Estramadure, un autre détachement partit de Grenade, pour s'emparer de la Caroline et couper la communication avec la Manche. Le colonel Valdecanas, qui commandait ce détachement, avait offert d'attaquer seul les Français dans Cordoue. En ce même moment, le bruit se répandit que le général de Cuesta s'était avancé jusqu'à Valladolid, et, qu'effrayé, le grand-duc de Berg s'était fortifié à Madrid, dans le Retiro.

Les dépêches de Dupont, dans lesquelles il demandait avec insistance des renforts dont il avait tant besoin, ayant été interceptées et portées au quartier général espagnol, Castanos résolut d'attaquer immédiatement Cordoue.

Déterminé cependant à attendre la diversion que Moncey opérait sur Valence, après laquelle ce général devait le rejoindre par la route de Murcie, ainsi que les troupes que Vedel et Frère devaient nécessairement lui amener, Dupont ayant l'espérance de revenir sous peu de temps pour achever la pacification de l'Andalousie, laissa à Cordoue les gros équipages des corps, dont les autorités répondirent. En même temps, pour prévenir les abus auxquels pourrait donner lieu le personnel immense, civil et militaire, qui suivait l'armée, et dont les bagages devaient tendre nécessairement à s'accroître, en quittant une grande ville pour aller occuper un pays où l'on avait déjà éprouvé les plus graves difficultés pour se procurer des vivres, le général en chef donna l'ordre au colonel de gendarmerie Huché de faire briser les voitures qui excéderaient le nombre fixé par les règlements, et de remettre au parc d'artillerie celles qui pourraient lui être utiles, ainsi que les chevaux et mulets en provenant (1). Il quitta Cordoue le 17 juin au soir, ne laissant dans la ville qu'un petit nombre de malades dont l'état était trop grave pour qu'on pût les transporter. Plusieurs furent placés dans des couvents, avec lesquels on s'arrangea pour les soins à leur donner, et où ils furent en général bien traités.

(1) Il était permis aux officiers généraux d'avoir chacun une voiture (de voyage) à quatre roues; aux colonels et chefs de service, chacun une voiture à deux roues, et un fourgon à chacun d'eux. Chaque bataillon ou escadron avait droit à deux voitures. Les vivandiers ne pouvaient avoir qu'une voiture à deux roues ou des mulets. Par suite de l'exécution de ce règlement, une vingtaine de voitures furent détruites.

On verra plus loin, dans une lettre que le général Dupont écrivit au général Vedel, le 28 juin, combien il craignait les bagages. *(Note de l'auteur.)*

Les officiers des deux régiments suisses espagnols avaient avec eux de petites voitures légères couvertes en toile, à cause de l'ardeur du climat; l'habitude en avait fait tolérer l'usage, depuis l'incorporation de ces troupes dans l'armée française. Ces véhicules étaient les seuls qui suivaient la marche, contrairement aux règlements.

Pendant sa retraite, Dupont fut suivi jusqu'à Carpio par l'avant-garde espagnole, conduite par le général Coupigny. Sa marche ne fut pourtant pas inquiétée par l'ennemi; mais sur sa route, il trouva tous les villages déserts, et découvrit, presque à chaque pas, sur les bas-côtés et dans les bois, un grand nombre de cadavres affreusement mutilés, des différents détachements de traînards, de malades, d'infirmes et de convalescents, qu'il avait été contraint de laisser sur ses derrières, après la bataille d'Alcoléa. Des aides de camp, des chirurgiens et des courriers avaient éprouvé le même sort.

Arrivé à Andujar le 18, le général Dupont apprit que le commandant français de cette ville avait été massacré avec quelques soldats, par la populace et des bandes de paysans armés, et que le reste du détachement laissé sous ses ordres avait été emprisonné; que les malades restés dans les hôpitaux de Mançanarès, Val de Penas et la Caroline, avaient été mutilés de la manière la plus barbare et massacrés impitoyablement, et que les horreurs les plus épouvantables avaient été commises sur leurs cadavres; il apprit aussi, plus tard, que le général Réné, désigné comme gouverneur de Cadix, ainsi que M. Vosgien, commissaire des guerres de la première division, avaient été l'objet d'horreurs encore plus grandes. La férocité espagnole s'était exercée ainsi sur plus de quatre cents victimes. Le sort du général Réné surtout avait été affreux, et on avait déployé à son égard un raffinement d'atroces cruautés. Envoyé en mission dans le Portugal avant le commencement des hostilités, et revenant comme tout voyageur ordinaire, sans armes, sans suivre un corps d'armée, n'étant revêtu d'aucun caractère militaire, il avait été reconnu pour être Français, et les Espagnols s'étant emparés de lui, l'avaient mutilé, et mis entre deux planches, puis l'avaient scié encore vivant. On apprit aussi que toutes les communications étaient interrompues, que nul officier d'état-major, nul courrier, ne pouvait parvenir jusqu'à l'armée, et que le détachement laissé à Santa-Cruz-de-Mudela, dans la Manche, pour garder les provisions de bouche de l'armée, avait été massacré par les habitants, peu de jours après le départ des troupes.

Aussitôt son arrivée à Andujar, ville de quatorze mille âmes, qui était abandonnée par la population, le général en chef Dupont s'établit sur la rive droite du Guadalquivir, dont le cours offre une ligne de défense naturelle pour couvrir l'intérieur. Il prend aussitôt toutes les dispositions convenables. Une tête de pont est construite sous les ordres du général du génie Dabadie ; une tour, assise sur le pont, est fortifiée de manière à ce qu'on puisse y placer de l'infanterie. Les gués sont reconnus, et, sur tous les points essentiels, le général Faultrier fait élever des batteries. Les avant-postes sont placés sur les hauteurs qui dominent la rive gauche, et un bataillon est détaché à un moulin distant d'une lieue entre Villa-Nueva et Andujar. La garde de Paris et la troisième légion de réserve sont campées en avant de la tête de pont ; la quatrième légion et le troisième bataillon du quatrième régiment suisse sont placés en arrière d'Andujar, en seconde ligne. La division du général Rouyer, composée de deux régiments suisses espagnols, et la cavalerie, tinrent la gauche de la seconde ligne. Des reconnaissances furent commandées journellement pour s'assurer des mouvements de l'ennemi.

Les bords du haut Guadalquivir sont malsains, au point qu'un voyageur l'a appelé le séjour éternel des fièvres putrides. On était au plus fort de l'été. Outre les ardeurs du soleil, les soldats éprouvaient encore les tourments de la faim. Ils n'avaient ni vin, ni vinaigre, ni eau-de-vie, la plupart du temps on ne leur donnait que demi-ration de pain, quelquefois le quart, et il y eut même des journées où ils n'en reçurent pas plus de trois à quatre onces. Il fallait, en effet, pourvoir à tous les besoins de la troupe avec le peu de ressources abandonnées par les habitants d'Andujar. Les pe-

tites villes environnantes ne furent que d'un secours bien faible et bien momentané. On dut
avoir recours aux grains encore sur pied et employer les soldats à faire la récolte, battre le blé,
le mettre en farine, et fabriquer le pain avec un
seul moulin sur lequel reposait la subsistance de
toute l'armée. Ce ne fut qu'avec des peines ex-
trêmes et à un très-haut prix que l'on put procurer un peu de vin aux hôpitaux. Les maladies
ne tardèrent pas à se mettre parmi les conscrits,
et, en moins de quinze jours, il en entra six cents
à l'hôpital. Ceux qui ne tombèrent pas malades
éprouvèrent une grande diminution de forces phy-
siques et perdirent l'instruction, la discipline et
l'ensemble qu'ils avaient acquis pendant le repos
de l'hiver précédent.

Dupont voulant punir la ville de Jaën, d'où
étaient sorties les bandes qui avaient massacré
ses blessés, y envoya alors le capitaine de frégate
Baste, officier distingué, avec un bataillon d'infanterie et quelques chevaux. Exaspérés par la
barbarie de leurs ennemis, les soldats français
se livrèrent à de terribles représailles. Cette expédition, qui fut suivie de plusieurs autres, avait
aussi pour but de se procurer des vivres. Elle eut
un plein succès.

Le 6 juin, le reste du détachement fugitif de
Santa-Cruz-de-Mudela, après avoir tenté de passer
par Val de Penas, dont les Espagnols le forcèrent
à s'éloigner, fut rejoint à la Aguzadera par le général Liger-Belair, qui, formant l'avant-garde de

la division du général Vedel, venait de Manzanarès avec six cents chevaux. Ils retournèrent alors ensemble sur Val de Penas. Les habitants avaient couvert la principale rue de cette ville de clous et de fers aigus, et, de distance en distance, avaient disposé des cordes aux barreaux des fenêtres opposées, afin de fermer la route. Les portes des maisons étaient barricadées, ainsi que les ruelles qui conduisaient à l'avenue principale. Les éclaireurs s'étant engagés dans la ville, les chevaux bronchant et tombant les uns sur les autres, culbutèrent leurs cavaliers, et des coups de fusil, tirés des fenêtres et presque à bout portant, en tuèrent quelques-uns. Irrité, Liger-Belair se précipita dans Val de Penas par les côtés, et incendia un grand nombre de maisons; plusieurs habitants furent en outre massacrés. Les Français se retirèrent ensuite sur Madrilejos.

Cependant, le comte Dupont avait mis tout en œuvre pour attendre les renforts qu'il avait demandés à Murat, commandant en chef à Madrid. Il avait jugé sainement sa position, et, en conservant la rive droite du Guadalquivir par les deux points principaux, Andujar et Mengibar, et ses communications avec la Manche par Baylen, Guarraman, la Caroline et Sainte-Hélène, il agissait d'après les véritables principes de la guerre. Sa position était délicate, le service des vivres très-difficile; mais il avait l'ordre précis de se maintenir à Andujar, et il résolut de l'exécuter avec une énergique fidélité. D'ailleurs, aussitôt qu'il aurait reçu ses huit ou dix mille hommes de renfort, il se proposait de ne pas rester sur la défensive. Les dispositions qu'il avait prises, ses communications avec Madrid toujours assurées, ses positions d'Andujar et de Mengibar, sur la rive gauche du Guadalquivir, avec lesquelles il contenait l'ennemi, qu'il pouvait, au moindre mouvement, combattre et disperser, ce qui lui permettrait alors de marcher sans retard sur Séville, pour profiter d'une victoire; tout enfin était conforme aux instructions qu'il reçut peu de temps après, et à la tactique ordinaire de Napoléon : *Marcher vite et frapper fort.*

Ayant appris que deux divisions de contrebandiers, formant environ trois mille combattants, s'étaient portées sur la Sierra-Morena dont ils interceptaient les communications, il envoya le capitaine Baste avec un détachement, pour nettoyer la passe de Despena-Perros, et se mettre en rapport avec la division Vedel qui arrivait de Madrid. Effectivement, au-dessus du col principal de Puerto-del-Rey, il existe un passage étroit où les rochers, rapprochant leurs sommets, semblent prêts à former une voûte sur la tête du voyageur. C'était là que s'était posté le lieutenant-colonel Valdecanas avec ses Espagnols. Il avait barré la route avec des troncs d'arbres, des branches et des rochers, placé six canons en batterie et renversé le mur d'appui qui bordait le précipice.

A cette époque, Savary, duc de Rovigo, venait

de remplacer, dans les hautes fonctions de vice-
roi, Murat, grand-duc de Berg, qu'une grave maladie retenait dans son lit. Alarmé de la situation
de Dupont, le duc de Rovigo avait donné l'ordre
à la division Vedel de partir de Tolède et de marcher immédiatement au secours de ce général.

Voici les ordres que Vedel reçut à cet effet du
général Belliard :

« Madrid, 15 juin 1808.

« .....Son Altesse Impériale ordonne que vous
« partiez après demain de Tolède, avec tout ce
« que vous avez dans le cas de marcher, en in-
« fanterie, cavalerie et artillerie, pour vous ren-
« dre à Andujar, où vous resterez jusqu'à nouvel
« ordre, avec toutes vos troupes réunies... »

« Madrid, 17 juin 1808.

« Le mouvement que vous allez faire, a pour
« but de rétablir les communications avec le
« corps du général Dupont, d'avoir de ses nou-
« velles et de lui en faire parvenir des nôtres; vous
« êtes aussi destiné à lui servir d'échelon et d'ap-
« pui, si la position devenait chanceuse, ce que
« l'on ne peut pas présumer, puisque, jusqu'à ce
« moment, les plus grandes insurrections ont été
« dissipées et dispersées par deux bataillons et
« quelques coups de canon..... »

A la tête de six mille hommes d'infanterie, de
sept cents chevaux et de douze pièces de canon,
Vedel quitta donc Tolède le 19 juin, et se porta à

la rencontre de Dupont, par la Manche et les défilés de la Sierra-Morena. Il conduisait avec lui un convoi de biscuit. Le long de sa route, il ne trouva que des villages abandonnés, et pendant toute sa marche les paysans, embusqués dans les hauts blés, assaillaient sa troupe de coups de fusil, et massacraient les traînards et les malades qui avaient le malheur de rester en arrière. A Madrilejos, il rejoignit les neuf cents chevaux commandés par les généraux Roize et Liger-Belair.

Dupont ayant appris l'arrivée de Vedel, lui écrivit la lettre suivante (1) :

« Au quartier général à Andujar, le 23 juin 1808.

« Je vous ai écrit, mon cher général, bien des « fois de venir promptement nous rejoindre; je « suis sans nouvelles de vous et de Madrid depuis « mon départ de Tolède. Des lettres interceptées « m'ont enfin appris que vous étiez en marche et « que vous devez arriver le 26 à Andujar. Pour « faciliter votre passage dans les montagnes de la « Sierra-Morena, qui sont occupées par un corps « de rebelles, je dirige sur la Caroline un corps « commandé par M. le capitaine de frégate Baste,

(1) On a tellement accusé le général Dupont d'imprévoyance, d'inhabileté et d'impéritie, que nous avons résolu, quoique cela doive ralentir un peu notre récit, de rapporter presque toute sa correspondance avec le général Vedel. Ce sera, nous le pensons, une réponse catégorique aux insinuations malveillantes dont on a prétendu accabler le général Dupont.

(Note de l'auteur.)

« avec du canon. C'est entre la Caroline et Puerto-
« del-Rey que la route est interceptée, et M. Baste
« y arrivera en même temps que vous. Les insur-
« gés seront enveloppés et détruits, j'espère, en
« grand nombre.

« Si la troisième division suit votre mouvement
« à deux journées d'intervalle, ainsi que le portent
« les lettres interceptées, M. Baste restera à la
« Caroline ou à Sainte-Hélène, pour attendre le
« général Frère; mais si vous ne pouvez lui don-
« ner aucun renseignement précis sur sa marche,
« il reviendra ici avec vous.

« J'espère que vous ramènerez avec vous les
« neuf cents chevaux et le convoi de biscuit qui
« suivaient mon mouvement, et qui ont été obli-
« gés de se replier sur Val de Penas.

« Si vous pouvez faire passer une lettre, écrivez
« au prince, et dites-lui que nous avons battu une
« armée de quarante mille insurgés, à Cordoue;
« que Grenade et Séville sont plus en feu que ja-
« mais, et que les troupes réglées du Midi sont
« réunies aux rebelles. *J'ai demandé par dix cour-*
« *riers la réunion entière du corps de la Gironde.*

« J'aurai, mon cher général, le plus vif plaisir
« à vous revoir, ainsi que votre division.

« Mille amitiés.

« Dupont. »

Le 26, Vedel, parvenu dans les gorges, attaqua
l'ennemi à Despena-Perros et le mit en déroute
complète. Le soir même de cette affaire, il entrait

à Sainte-Hélène et faisait connaître son arrivée au général Dupont, en lui transmettant les instructions qu'il avait reçues de Belliard.

Aussitôt que Dupont eut reçu la lettre de Vedel, il s'empressa de lui répondre ainsi :

« Andujar, le 28 juin 1808.

« Vous sentez, mon cher général, toute ma sa-
« tisfaction de vous voir réuni à nous; je suis
« charmé de votre succès du 26, et je vous prie
« de le témoigner à votre brave division. Je de-
« manderai les récompenses qu'elle mérite pour
« cet heureux début.

« *J'espérais que votre arrivée me mettrait en*
« *mesure de marcher sur Séville et Cadix ; mais les*
« *dispositions du prince retardent ce mouvement. Je*
« *lui demande la troisième division, et je l'invite*
« *en même temps à placer un corps de douze à*
« *quinze cents hommes dans la Sierra-Morena, pour*
« *protéger les communications. Le général Frère*
« *peut être réuni au corps d'armée sous huit jours ;*
« *il est instant d'agir et d'empêcher l'Andalousie de*
« *s'affermir dans son insurrection.*

« En relisant les instructions du prince, rela-
« tivement à votre division, je vois qu'il n'est pas
« nécessaire que vous vous reportiez sur Elviso;
« les dispositions suivantes me paraissent plus
« convenables; les vivres seront plus faciles; la
« chaîne des montagnes sera mieux gardée. Si les
« rebelles de la Manche se rassemblent, vous serez

« également en mesure de marcher rapidement sur
« eux, et si l'ennemi vient attaquer le camp d'An-
« dujar, nous pourrons agir ensemble contre lui.
« Je vous engage, en conséquence, à placer votre
« seconde brigade à Elviso, ayant un bataillon à
« Puerto-del-Rey; elle tirera ses vivres d'Elviso et
« de Santa-Cruz-de-Mudela. La première brigade
« occupera la Caroline et aura un bataillon à
« Baylen. Ces deux villes, ainsi que celles de Baëza
« et d'Ubeda lui fourniront des vivres. Il y a beau-
« coup de blé en magasin à la Caroline, mais je
« ne sais s'il y a assez de moulins pour le service.
« La première division tirera également ses vivres,
« en partie, d'Ubeda et de Baëza.

« La position de la Caroline est belle, et elle
« est importante à occuper. Il sera nécessaire de
« placer un demi-bataillon à Sainte-Hélène, qui
« communiquera tous les jours, par de forts dé-
« tachements, avec le bataillon qui sera établi à
« Puerto-del-Rey. Les mêmes communications de-
« vront avoir lieu journellement entre les autres
« points occupés. Les courriers et les ordonnances
« ne devront jamais marcher isolément. Je pré-
« sume qu'au delà des montagnes les courriers se-
« ront plus en sûreté, puisque tous ceux que j'ai
« expédiés ont été arrêtés et la plupart ont perdu
« la vie. Dites-moi s'il vous est parvenu quelques-
« unes de mes lettres. Établissez un poste à Guar-
« raman, entre la Caroline et Baylen. Faites ob-
« server le chemin de Grenade à la Caroline.

« J'ai chargé le général Roize d'une expédition

« sur Jaën. La colonne du commandant Baste passe
« sous ses ordres, et je vous prie d'y joindre qua-
« tre compagnies, dont deux d'élite, du bataillon
« de Baylen. Donnez-lui, pour le moment, un obu-
« sier en place d'une de ses pièces de quatre.

« J'espère enfin, mon cher général, que sous
« peu de jours nous serons tout à fait réunis, et
« que nous ne tarderons pas à soumettre la rebelle
« Andalousie.

« J'ai fait demander des souliers à Ubeda et
« Jaën ; s'il y en a, vous en aurez la moité. Avez-
« VOUS DES BAGAGES ? JE DÉSIRE BIEN QUE NON, AT-
« TENDU LES EMBARRAS EXCESSIFS QU'ILS CAUSENT.

« Est-il vrai que vos malades ont été massacrés à
« la Caroline ? Avez-vous des nouvelles du général
« René ?

« J'envoie chercher le biscuit à Santa-Cruz, pre-
« nez-en le tiers au passage.

« Recevez mes amitiés particulières.

« Le général DUPONT. »

Le 27, Vedel rencontra, près de la Caroline,
la colonne de douze cents hommes du capitaine de
frégate Baste, qui venait au-devant de lui.

Le 28, il arrivait à la Caroline, où il faisait une
proclamation, pour inviter les habitants qui avaient
fui à rentrer dans leurs foyers.

Le 29, il établissait son quartier général à Baylen, après avoir laissé dans les défilés les postes
nécessaires pour entretenir la correspondance avec
la Manche et Madrid.

La retraite de Dupont, lorsqu'il quitta Cordoue, avait déjoué le plan que les Espagnols avaient formé de l'y cerner ; Castanos revint alors à son ancien projet de se tenir dans un rigoureux système de défense ; mais la junte lui ordonna d'attaquer Dupont à Andujar, avant que ses renforts fussent arrivés. L'armée espagnole était disposée en trois divisions, avec un corps de réserve : la première était commandée par Reding, qui avait sous ses ordres les troupes de Grenade ; la deuxième, par le marquis de Coupigny ; et la troisième, par Félix Jones, qui devait agir de concert avec la réserve, commandée par La Pena. L'effectif de ces troupes montait alors à vingt-huit mille fantassins de troupes régulières, deux mille chevaux et un train de grosse artillerie. Sous les ordres de Juan de la Cruz se trouvait une autre division, formée des compagnies de chasseurs de quelques régiments, d'autres troupes légères et de plusieurs pelotons de cavalerie. Le colonel Valdecanas commandait de son côté divers détachements de gens ramassés sans choix ; enfin, des corps nombreux de paysans armés, commandés par des officiers de ligne, suivaient en outre l'armée, au nombre de quarante mille environ.

Dupont, apprenant les mouvements de l'ennemi, s'empresse d'en prévenir Vedel, et de lui transmettre de nouveaux ordres ; il lui écrit la lettre suivante :

« 28 juin 1808, à neuf heures du soir.

« Je reçois à l'instant, mon cher général, des

« renseignements importants. J'apprends que le
« général Castanos, commandant l'armée enne-
« mie, marche vers nous et qu'il sera demain à
« Carpio.

« Regardez comme non avenue la lettre que je
« vous ai écrite aujourd'hui. Rendez-vous demain
« à Baylen. Si l'ennemi s'approche décidément pour
« nous attaquer, je me hâterai de vous en préve-
« nir, afin que vous vous portiez de suite sur An-
« dujar. Notre réunion nous donne les plus grandes
« espérances de succès.

« L'expédition sur Jaën est ajournée, et je vous
« prie d'en prévenir le général Roize. Donnez l'or-
« dre au commandant Baste de se rendre sur-le-
« champ à Andujar avec sa colonne.

« Le général Liger-Belair a l'ordre de se rendre
« ici avec la cavalerie qu'il commande. Je vous prie
« de lui dire de hâter sa marche.

« Laissez à la Caroline, pour protéger les com-
« munications, la valeur d'un bataillon à prendre
« sur toute la division. Choisissez un bon chef de
« bataillon pour commander ce détachement. Il
« aura avec lui deux pièces de canon et cinquante
« chevaux que vous lui laisserez. Il devra marcher
« sans cesse, avec son corps, pour empêcher les
« rebelles de s'établir dans les gorges de la Sierra.

« Donnez les ordres pour faire moudre le plus
« de farine possible à la Caroline, et la faire trans-
« porter à Baylen et Andujar. Je présume que le
« parc de bœufs a suivi votre division ; dans le cas
« contraire, faites prendre des bœufs à la Caroline

« et à Sainte-Hélène, où il y en a un assez grand
« nombre. Faites part de ces dispositions nou-
« velles au général Belliard. *Le prince sentira la
« nécessité de nous envoyer de suite la troisième divi-
« sion, le grand parc, un régiment de cuirassiers, et
« de renforcer même le corps de la Gironde, afin
« qu'il puisse obtenir des résultats plus décisifs.*

« Si M. de Castanos suspend son mouvement,
« vous resterez à Baylen, où vous serez mieux qu'à
« la Caroline et à Andujar. Je vous écrirai demain
« à Baylen, où je vous engage à arriver de bonne
« heure.

« Faites venir des vivres de Baëza et d'Ubeda,
« pour vous et pour la première division.

« Mille assurances d'attachement.

« Dupont. »

Le 29 juin, sur l'ordre de Dupont, Vedel envoya
la brigade du général Cassagne à Jaën, pour faire
des vivres. Cette expédition manqua faute de
moyens de transport. Un corps ennemi s'étant
présenté, ce général se distingua avec sa brigade,
le 2 et le 3 juillet, dans deux combats brillants, où
il battit l'ennemi et le dispersa.

Le 1er juillet, l'armée espagnole occupait une
position qui s'étendait de Carpio à Porcuna.

Le 2, Dupont en fit la reconnaissance ; et, ayant
appris, par un message de Vedel, le succès du général Cassagne, il lui répondit une lettre dont voici
quelques extraits :

«Le succès du général Cassagne est bien heu-
« reux, et je l'en félicite vivement, ainsi que sa bri-
« gade et votre division.

« Pour profiter de cette expédition, il faut que
« nous gardions Jaën pendant quelques jours ; fai-
« tes passer au général Cassagne deux pièces de
« canon, cent dragons et les trois compagnies du
« pont de Mengibar, qui devront y être remplacées
« par un autre détachement.

« Chargez le lieutenant-colonel d'Affry de bien
« faire reconnaître tous les gués dans les environs
« de Mengibar, afin qu'on puisse s'en servir au
« besoin, ou les défendre. Il sera bien également
« de faire élever quelque redan pour couvrir le pas-
« sage de la rivière.

« Nous avons fait, ce matin, une forte reconnais-
« sance en avant d'Andujar, pour connaître la
« force de l'ennemi, lui donner de l'ombrage de ce
« côté, et l'empêcher de se porter sur Jaën. Il a
« montré trois bataillons et six escadrons.

« Les cartouches vont être remplacées à votre
« parc. Si le général Cassagne était menacé par des
« forces réellement considérables, il se replierait,
« et vous feriez protéger son mouvement. Le pas-
« sage de Mengibar deviendrait alors d'une grande
« importance pour la sûreté de Baylen et d'Andu-
« jar, et il faudrait le défendre fortement. Chargez
« votre officier du génie de reconnaître le cours du
« fleuve, et faites-le bien escorter, afin qu'il ne
« tombe pas dans un parti de rebelles.

« Il faut que le général Cassagne s'empare de tous

« les moyens de transport et nous envoie tout le
« pain, vin, vinaigre, farine ou blé qu'il pourra ex-
« pédier. Il ne doit pas oublier les médicaments ;
« nous en manquons pour les hôpitaux. Les blessés
« doivent être envoyés de suite à Baylen.

« Recevez le vif témoignage de mon attache-
« ment.

« Le général DUPONT. »

Malgré les succès de Vedel et les renforts qu'il
lui amenait, Dupont voyait augmenter ses craintes.
Sa position à Andujar couvrait la grande route
de Séville à la Caroline, mais elle pouvait être
tournée, en traversant le fleuve à huit milles plus
bas, au pont de Marmolejo ; à seize milles au-dessus, par les routes qui conduisent de Jaën au bas
de Mengibar et Baylen ; et, au delà de cette ligne,
par les chemins de Jaën et de Grenade à Ubeda,
Linharès, et par les passes d'El Rey et de Despena-
Perros. La sécheresse de la saison avait rendu le
Guadalquivir guéable en plusieurs endroits. Les forces régulières que commandait Castanos s'augmen-
taient chaque jour ; la population était activement
hostile, et les jeunes soldats français s'affaiblis-
saient par les privations et la chaleur du climat.

Nous avons dit que le général Dupont s'était
décidé à occuper les deux positions d'Andujar et
de Mengibar. Il avait compris que la première ne
pouvait être maintenue contre un ennemi qui
chercherait à passer le fleuve, qu'en étant liée avec

la seconde, et qu'il était important que le cours du Guadalquivir fût éclairé avec une grande vigilance, et fortement défendu pour couvrir les lignes de communication. Il avait donc donné en conséquence ses instructions au général Vedel, qui envoya quinze cents hommes, commandés par le général Liger-Belair, s'établir sur la rive droite, en face du village de Mengibar. Ce général construisit un redan et établit un poste sur la rive gauche du fleuve.

Le 2 juillet, Castanos envoya à Dupont la déclaration de guerre de la junte de Séville à la France. Celui-ci fit remettre, en échange, au général espagnol, le décret impérial qui proclamait Joseph Napoléon roi d'Espagne et des Indes. Des négociations furent entamées, mais elles échouèrent. Le 4, le général Cassagne, de retour de Jaën, était rentré à Baylen, et Dupont rappela une brigade qu'il croyait trop aventurée à quatre lieues du Guadalquivir. Le 9, le quartier espagnol était à Arjonilla, à une lieue et demie d'Andujar. Le 10, Dupont fit porter un officier du génie avec un bataillon, sur la rive droite du Guadalquivir, au pont de Marmolejo, et en fit détruire deux arches, malgré quelque résistance des Espagnols.

Le même jour, le général Dupont, à la réception d'une missive de Vedel, lui écrivait les lignes suivantes (1) :

(1) Nous appelons particulièrement l'attention du lecteur sur les mesures minutieuses et pleines de vigilance que Dupont

« Je reçois, mon cher général, la lettre où vous
« m'annoncez qu'il y a un rassemblement de re-
« belles à Villa-Nueva. Le poste du moulin, situé à
« une lieue d'Andujar, en remontant le fleuve, a
« ordre de diriger, par la rive droite, de fréquentes
« reconnaissances du côté de Villa-Nueva, pour
« éclairer le cours du Guadalquivir et communi-
« quer avec vos reconnaissances. Le général Liger-
« Belair est à portée d'observer les mouvements de
« l'ennemi de ce côté-là.

« L'ennemi paraît, en effet, annoncer quelques
« desseins. Un corps de cinq mille hommes, qui
« était à Arjonilla, vient de se porter sur Marmo-
« lejo. Les troupes qui étaient à Arjona ont égale-
« ment fait un mouvement. *M. de Castanos veut*
« *peut-être prévenir le moment où nous pourrons re-*
« *prendre l'offensive; mais comme ce moment n'est*
« *pas éloigné, nous devons tenir dans notre position*
« *jusqu'à la dernière extrémité!*

« Comme vous êtes à six heures de marche d'An-
« dujar, il est utile de prévenir un retard qui pour-
« rait être fâcheux; je vous engage, en consé-
« quence, à faire porter, tous les jours, à deux
« heures du matin, deux bataillons avec quatre
« pièces de canon, au pont situé en deçà de Baylen,
« à une lieue de distance; ce sera votre avant-

prescrivit à Vedel, dans cette lettre, pour assurer ses communications et relier ensemble ses divisions; on verra bientôt
combien peu Vedel profita des instructions de son chef dans
une situation si délicate.   (*Note de l'auteur.*)

« garde. Au premier coup de canon qui serait tiré
« du côté d'Andujar, ce corps continuerait sur-le-
« champ sa marche pour s'y rendre, et, au premier
« avis que vous en recevriez, vous vous mettriez
« également de suite en mouvement. S'il n'y avait
« rien de nouveau, ces deux bataillons devront
« rentrer à leur camp à six heures du matin. Si
« vous préférez les faire camper près de ce pont,
« et si la position est favorable, je vous engage à
« en donner l'ordre.

« Je présume que le général Lefranc est arrivé à
« Baylen. Il devra en partir à minuit, afin d'arriver
« ici de bonne heure. S'il y avait quelque apparence
« d'attaque, vous ferez rester son convoi à Bay-
« len. Dans ce cas, vous y laisserez un détache-
« ment assez fort pour la sûreté de ce convoi et
« des équipages, et vous rappellerez le général Li-
« ger-Belair, qui suivra votre mouvement sur An-
« dujar, à moins que l'ennemi ne se présente en
« force sur la route de Jaën à Baylen.

« L'ennemi ne peut se présenter qu'en front,
« avec du canon ; ainsi, cela doit beaucoup nous
« rassurer sur tous les passages qu'il pourrait exé-
« cuter au-dessus et au-dessous d'Andujar, et nous
« pourrons facilement rejeter dans la rivière tout
« ce qui aurait passé.

« Mille amitiés.

« Dupont. »

Le 11 juillet, il y eut à Porcuna conseil de
guerre des généraux espagnols, dans lequel ils

arrêtèrent un plan d'attaque. Il fut résolu que la division Reding traverserait le Guadalquivir, au bas de Mengibar, et gagnerait Baylen ; que Coupigny passerait le fleuve à Villa-Nueva, pour soutenir Reding, et que Castanos, avec les deux autres divisions, s'avançant des hauteurs d'Arjonilla, attaquerait Andujar en front, tandis que Reding et Coupigny descendraient de Baylen, et l'attaqueraient en arrière. Quelques détachements de troupes légères, sous le colonel Juan de la Cruz, eurent ordre de passer le Guadalquivir à Marmolejo, et de s'emparer des défilés qui conduisent de la Sierra-Morena dans l'Estramadure.

Cependant, on avait senti à Madrid la nécessité de garder en force le point de Madrilejos, d'occuper la Manche, et d'assurer les communications avec le corps d'armée d'Andalousie.

Le général de brigade Lefranc se porta donc à Madrilejos, avec le sixième régiment provisoire ; le général Gobert, commandant de la deuxième division du corps d'observation des côtes de l'Océan et intime ami de Dupont, ayant obtenu de servir sous ses ordres et de prendre le commandement de la troisième division du corps d'observation de la Gironde, suivit Lefranc, avec la seconde brigade, composée de deux régiments provisoires d'infanterie légère, du deuxième régiment provisoire de cuirassiers, et de quatre pièces d'artillerie légère. Poussant Lefranc devant lui, il laissa un bataillon à Madrilejos ; un autre, avec du canon, à Manzanarès; le 7 juillet, un troisième aux environs de Puerto-del-Rey, et, d'après les ordres de Dupont, descendit en Andalousie avec ce qui lui restait.

Pendant ce temps, les forces de l'ennemi croissaient, en même temps que diminuaient celles des Français. En moins d'un mois, la junte pouvait déjà opposer une armée régulière de trente-neuf bataillons et de vingt et un escadrons, pourvue d'une artillerie supérieurement organisée. Il y avait dans le nombre beaucoup de recrues non habillées, mais toutes étaient armées, et ces soldats, bien que novices, puisaient dans la population une énergie extraordinaire.

Le 13 juillet, Reding marcha sur Mengibar, avec la première division de l'armée espagnole et trois ou quatre mille paysans, et Coupigny prit le chemin de Villa-Nueva avec la seconde. Reding enleva une partie du poste établi sur la rive gauche, et le reste s'étant replié de l'autre côté, l'ennemi s'établit en force à Mengibar.

La réunion de Vedel et de Dupont avait rouvert les communications avec Madrid, et les dépêches du duc de Rovigo, jusqu'alors interceptées, parvinrent au général en chef.

Dupont écrivait le 13 au général Vedel :

« Je vous fais part, mon cher général, d'une « nouvelle bien peu agréable et qui ne doit pas « être répandue. Le maréchal Moncey a attaqué

« infructueusement Valence, il a été repoussé et
« s'est replié sur Almanza. Le général Frère, instruit
« de cet événement, s'est replié de son côté. On
« croit cependant qu'il n'y avait dans Valence que
« des révoltés et un seul régiment de troupes ré-
« glées. C'est le général en chef qui me donne ces
« détails. *Il me fait entrevoir que nous aurons peut-*
« *être à garder notre position jusqu'à ce que Valence*
« *et Saragosse soient soumises.* Ainsi, vous sentez
« l'importance qu'il y a à préparer et à ménager
« nos vivres. Cela doit être pour nous un soin de
« tous les moments.

« Tâchez de savoir par Jaën si l'ennemi a réel-
« lement envoyé des troupes sur Grenade. Il pour-
« rait se faire qu'il voulût détacher un corps pour
« soulever Murcie, appuyer Valence et rapprocher
« de Madrid les hostilités. Vous pourrez, peut-être,
« tirer d'Ubeda des renseignements à ce sujet, et
« même envoyer jusqu'à Grenade quelques émis-
« saires.

« *J'insiste toujours à Madrid sur la nécessité*
« *d'agir promptement.* ·

« Mille amitiés.

« Dupont. »

Dupont ayant les deux divisions Vedel et Gobert réunies à la sienne, les forces dont il disposait formaient alors un effectif de dix-neuf mille
combattants et de trente-huit bouches à feu.

Le 14, inquiet de divers mouvements de l'ennemi dont il avait eu connaissance, et qui semblaient annoncer l'intention de le tourner par sa gauche, il redoubla d'activité.

Dans la même journée, il écrivit au général Vedel et au général Gobert cinq lettres successives, pour leur faire part de ses craintes, pour leur recommander la plus grande vigilance et les engager à se soutenir mutuellement.

Le 15, à quatre heures du matin, il faisait passer au général Vedel la lettre suivante :

« Je viens de recevoir, mon cher général, votre
« lettre ; on m'annonce que l'on entend quelques
« coups de canon du côté de Mengibar ; instruisez-
« moi de tout ce qui s'y passe, et de la force de
« l'ennemi.

« Il se montre en ce moment, devant nous, quel-
« ques corps d'infanterie ; nous avons pris notre
« position de combat.

« Marquez-moi si le général Gobert est arrivé à
« Baylen.

« L'essentiel est de savoir si l'ennemi fera sa
« principale attaque ici ou à Mengibar ; s'il a des
« desseins sérieux, nous en serons bientôt ins-
« truits.

« Il y a des tirailleurs dans les montagnes ; il
« faut les observer, mais cela n'est pas inquié-
« tant.

« Donnez-moi de vos nouvelles souvent.

« Mille amitiés.

« DUPONT. »

En effet, dans la matinée du même jour, Castanos couronna les hauteurs d'Arjonilla, en face d'Andujar, avec deux divisions et une foule de troupes irrégulières, et annonça le projet de forcer le passage. Coupigny escarmoucha avec les piquets de troupes postés à Villa-Nueva, et, passant le fleuve à Mengibar, Reding attaqua Liger-Belair ; mais Vedel venant à son secours, Reding dut repasser sur la rive gauche.

Le général en chef Dupont, qui avait été jusqu'alors dans le doute sur la force de l'ennemi, put juger par le développement de ses troupes en face d'Andujar, qu'elles étaient près de trois fois supérieures à la totalité des siennes ; néanmoins, il avait l'espoir de se maintenir à la faveur de ses dispositions de défense ; et, en effet, après un grand feu d'artillerie et divers mouvements de troupes, Castanos reprit ses positions.

Cependant, dans la prévision que Castanos renouvellerait une attaque plus sérieuse, Dupont chargea un aide de camp du général Legendre, nommé Desfontaines, de porter à Vedel, à Mengibar, *l'ordre de lui envoyer un bataillon, et, dans le cas où il n'aurait que peu d'ennemis devant lui, une brigade ;* il le chargeait en même temps de reconnaître le cours du fleuve, mesure très-prudente à cause du nombre infini de gués qu'il fallait surveiller et défendre. Cet ordre était précis et ne changeait rien à la défense de Mengibar ; cette position, qui devenait plus importante par la présence d'un corps de quarante-cinq mille hommes sur la rive gauche du Guadalquivir, demeurait donc toujours confiée au général Vedel, qui devait y rester en personne.

Gobert, qui était arrivé depuis trois jours à la Caroline, avait reçu l'ordre de Dupont de venir remplacer Vedel à Baylen, afin de soutenir au besoin soit Mengibar, soit Andujar, selon les circonstances, et de veiller en même temps sur Linharès et sur la Caroline, qui est la clef de toutes les gorges de la Sierra. En conséquence, ce général détachant à Linharès, petite ville à trois lieues de la route, un bataillon et un escadron de cuirassiers, avait envoyé l'autre escadron de cuirassiers à Dupont, de sorte qu'il ne lui restait plus que cinq à six cents hommes d'infanterie, deux cents chevaux et trois pièces de canon. Le général Lefranc qui, pendant la route, l'avait précédé d'une marche, était arrivé à Andujar avec le sixième provisoire et plusieurs détachements des divisions Barbou et Frésia (1).

(1) La correspondance de Dupont avec le général Gobert est trop volumineuse pour que nous puissions la mettre sous les yeux du lecteur; nous avons dû, par le même motif, supprimer plusieurs lettres de Dupont à Vedel, qui avaient moins d'intérêt. — Nous le regrettons toutefois, car l'ensemble de ces deux correspondances aurait démontré, mieux que tout ce que l'on pourrait dire, l'activité du général en chef, ainsi que toute sa prévoyance et sa vigilance pour se maintenir dans une position aussi difficile. (*Note de l'auteur.*)

Le 16, a lieu l'attaque qu'a prévue Dupont. Castanos dispose ses troupes pour tenter le passage. Elles s'avancent sur le bord du fleuve, protégées par une nombreuse artillerie. Un feu très-vif s'allume des deux côtés, et partout les Français sont préparés à recevoir l'ennemi. La contenance de nos troupes et la justesse du feu de nos batteries arrêtent les tentatives des Espagnols. A la droite, le colonel Juan de la Cruz traverse, avec quatre mille hommes, le pont de Marmolejo, qui avait été réparé, et gagne les montagnes de la Sementera, un peu en arrière de la position française; le général de brigade Lefranc accourt avec le sixième provisoire et le force à se replier. Le marquis de Coupigny s'avance de son côté en bas de Villa-Nueva, et les deux bataillons de la quatrième légion, chargés de défendre cette position, répondent activement au feu des Espagnols. Sur ces trois points, l'ennemi est forcé de se retirer après plusieurs heures de combat.

La veille au soir, Vedel, après avoir renforcé Liger-Belair de quatre compagnies, se disposait à retourner à Baylen, lorsque arriva l'aide de camp envoyé par Dupont. Vedel n'avait point vu que l'ennemi eût déployé de grandes forces à Mengibar. Il jugea donc que ce point était suffisamment défendu par les troupes de Liger-Belair, qui pouvaient, en cas de besoin, être soutenues par celles du général Gobert, en position à Baylen, et il prit la résolution de se porter sur Andujar avec le reste de sa division.

Cette faute fut l'origine des événements déplorables qui se succédèrent depuis ce moment.

Il importait d'arriver rapidement, et n'ayant pour guide, à travers un pays abandonné, que la grande carte de Lopez, Vedel suivit la route qu'elle indiquait le long du Guadalquivir : les ravins, les marais et les obstacles de tout genre qu'elle présentait, rendirent sa marche très-lente et très-pénible ; aussi, parties le 15, à six heures du soir, de Mengibar, ses troupes n'arrivèrent-elles que le lendemain, à deux heures du matin, à la maison de poste, située à moitié chemin de Mengibar à Andujar, et ce ne fut qu'à deux heures de l'après-midi qu'elles furent rendues sous cette dernière ville.

Pendant qu'il était en route, Vedel avait fait partir son aide de camp Walner, pour prévenir de sa prochaine arrivée le général Dupont ; mais cet officier n'arriva que deux heures avant lui. Il était donc trop tard pour que Dupont pût contremander le mouvement de Vedel ; cela eût été parfaitement inutile, d'ailleurs, puisqu'il n'aurait pas pu prévenir l'abandon du gué de Mengibar ; cet ordre n'aurait eu pour résultat que de faire flotter en marches et contre-marches la division Vedel, sans qu'elle pût être mise à profit, ni à Mengibar, ni à Andujar. Dupont devait être persuadé, en outre, d'après ce que l'aide de camp lui rapportait et d'après la marche du général Vedel, que l'ennemi n'avait déployé que très-peu de forces devant Mengibar.

Castanos, qui attaquait Andujar, se retira au moment où la division française couronna les hauteurs qui dominent la ville.

Voici pendant ce temps ce qui se passait à Mengibar. Reding, comme nous l'avons dit, avait essayé de forcer le passage, le 15, dès son arrivée; repoussé par la division Vedel, il avait échoué comme Castanos à Andujar. Mais le général Vedel ayant, le soir du même jour, commis l'énorme faute de ne laisser, pour garder cette position, que deux faibles bataillons, l'ennemi en profita.

Reding aperçut le mouvement de la division française qui se retirait, et voyant la faiblesse du poste qu'elle avait laissé derrière elle, il l'attaqua le lendemain matin 16. Il fit avancer des tirailleurs destinés à occuper l'attention des troupes françaises, et pendant ce temps, passa le gué de Rinçon, une demi-lieue au-dessus de Mengibar, avec le gros de sa division. Liger-Belair se défendit avec habileté; mais les Espagnols, dont le nombre était six fois plus considérable, firent des progrès rapides et menacèrent de le déborder : il se replia alors devant des forces si supérieures. Le général Gobert, au bruit du canon et de la fusillade, accourut de Baylen à son secours; le combat recommença avec ardeur, mais ce général tomba blessé mortellement d'une balle à la tête; sa mort mit la confusion dans les rangs. Le général Dufour le remplaça dans le commandement et s'efforça vainement de rétablir l'ordre. Les Espagnols, profitant de ce moment d'hésitation, reprirent l'offensive ; l'escadron de cuirassiers les contint et fit de belles charges, mais la division française fut forcée de se replier sur Baylen, où elle s'établit.

Dans l'après-midi du 16, on apprit au quartier général d'Andujar les tristes nouvelles de Mengibar. Le général Dupont en fut consterné ; Mengibar était le point qui protégeait le centre de la ligne française, et cette ligne étant coupée, son corps se trouvait dans la position la plus critique. Reconnaissant l'erreur du général Vedel, il lui fit alors sentir combien l'inexécution de ses ordres, non moins précis qu'importants, devenait funeste aux troupes françaises, car leur stricte observation eût empêché ce combat d'avoir lieu, ou tout au moins l'eût fait tourner à notre avantage ; l'armée n'aurait pas perdu l'un de ses généraux les plus distingués, et la ligne de communication avec la Manche n'aurait pas été compromise ; tandis que le général en chef allait se trouver peut-être dans la nécessité d'abandonner Andujar, qui était la base de ses opérations ultérieures en Andalousie.

Cependant rien n'était encore désespéré, et la présence même de Vedel à Andujar pouvait amener d'heureux résultats ; car si Reding, qui n'était passé qu'avec six mille hommes, avait commis l'imprudence de s'avancer sur Baylen et de s'y établir, Vedel, arrivant à marches forcées sur ses derrières, pouvait écraser entièrement son corps d'armée, en rejeter les débris de l'autre côté du fleuve, rétablir la position de Mengibar et les communications de l'armée.

Dupont forme donc sur-le-champ un nouveau plan d'opérations et conserve encore l'espoir de garder la ligne du Guadalquivir, dont la conservation lui était prescrite comme un ordre formel de Napoléon lui-même (1). Les Espagnols s'étant

---

(1) Pour mettre ce fait hors de toute discussion, nous donnerons ici des extraits des diverses dépêches expédiées au général Dupont.

Le général Belliard, en annonçant à Dupont la nomination du duc de Rovigo, lui disait :

« Le général en chef désire que le général Dupont puisse « rester en présence de l'ennemi jusqu'à la prise de Valence.... « Il voudrait que le général Dupont ne fît pas de marche ré-« trograde. »

Et dans une lettre du 9 juillet 1808 :

« Continuez à tenir votre position, vous y êtes plus que res-« pectable pour l'ennemi. »

Le 14 juillet, le duc de Rovigo lui mandait de Madrid :

« N'entreprenez rien d'offensif..... Vous êtes plus que res-« pectable pour M. de Castanos, avec votre corps. »

« Le 16 juillet.

« Je reçois vos lettres du 13, d'Andujar; il faut encore rester « sur la défensive..... C'est l'ordre renfermé dans les lettres de « Bayonne.....

« Ainsi, loin de songer à l'offensive, prévoyez le moment où

partagés en deux corps, il conçoit le projet de les combattre l'un après l'autre, et veut profiter de cette circonstance qui affaiblit leur supériorité.

« je me porterais moi-même vers la Galice. Il faudra alors « vous remettre à communiquer avec Madrid..... »

« Le 17 juillet, quatre heures du matin.

« .... Votre position m'occupe beaucoup. Vous êtes loin du « centre et découvert sur les flancs ; il est possible qu'au mo- « ment où vous recevrez cette lettre, je sois obligé de vous « faire repasser la montagne.....

« Vous devez rester sur la défensive..... Il serait bien de « faire repasser la montagne à la division Gobert, et de garder « la défensive avec les deux autres.....

« L'Empereur dit que s'il ne vous fait pas repasser la mon- « tagne, c'est qu'il espère que Bessières.....

« *Vous devez être sur la défensive, je vous le répète, mais ne* « *pas vous retirer sans danger imminent.*

« Je vous écrirai tous les jours. Moncey se rapproche. »

« Le 17 juillet, à deux heures.

« Je vous envoie la précédente. Il est de rigueur que Gobert « repasse la montagne ; c'est l'ordre positif de Bayonne. Tenez- « vous prêt plutôt à repasser la montagne qu'à vous porter en « avant. »

On n'a pas la lettre du 18 ; c'était celle dont était porteur M. de Fénelon, et qui fut prise par les insurgés ; mais le duc de Rovigo reconnaît dans ses mémoires qu'il y ordonnait im- pérativement à Dupont de repasser la Sierra-Morena avec ses trois divisions, et de se mettre au plus vite en communication avec Madrid. Il manifestait, en outre, des craintes sur la po- sition de Bessières et de Moncey. Cet ordre ne contenant, dit Savary, que quatre lignes, fut écrit par lui-même, à quatre heures du matin, et expédié sur-le-champ. Cela explique com- ment il n'en a pas été gardé minute.

Après avoir décrit, la carte en main, les opérations qu'il vient de décider, il en confie l'exécution à Vedel; et afin que ce général ait constamment ses ordres sous les yeux et ne fasse pas de faux mouvements dans une circonstance aussi importante, comme il venait déjà de le faire, il les lui remet écrits. Ils étaient conçus en ces termes :

« Au quartier général, à Andujar, le 16 juillet 1808.

« Je vous prie, mon cher général, de vous

Le duc de Rovigo écrivit le 19 :

« Le 19 juillet.

« Nous sommes dans l'enchantement; Bessières est victo-
« rieux. Mais c'est égal, que Gobert revienne à Manzanarès, où
« l'Empereur croit qu'il est ; remplacez-le par Vedel, et placez-
« vous dans la Sierra-Morena.

« L'Empereur ajoute qu'il s'en rapporte à vous sur ce qu'il
« convient de faire en Andalousie, en restant sur la défensive ;
« il regarde comme peu important pour les affaires d'Espagne
« ce qui pourrait vous arriver ; prenez donc vos dispositions.

« Notre situation est belle, mais vous ne pouvez marcher en
« avant qu'après la fin des affaires de Galice.

« Je ne suis pas à mon premier regret que vous n'ayez pas
« eu vos trois divisions à Cordoue. Tout serait fini. en Anda-
« lousie, et les Espagnols n'auraient pas pris parti contre
« nous. »

« Le 21 juillet.

« ..... Continuez, général, à garder votre position d'Andujar
« et à vous y faire respecter, etc., etc. »

Ces trois dernières lettres ne sont nécessairement pas parvenues, et sont tombées entre les mains des Espagnols. Nous ignorons si le général Dupont a reçu toutes les autres.

(Note de l'auteur.)

« porter le plus rapidement possible sur Baylen,
« pour y faire votre jonction avec le corps qui a
« combattu aujourd'hui à Mengibar et qui s'est
« replié sur cette ville. Le sixième régiment pro-
« visoire et deux escadrons, l'un de dragons et
« l'autre de chasseurs, sont réunis à votre di-
« vision.

« J'espère que l'ennemi sera rejeté demain sur
« Mengibar, au delà du fleuve, et que les postes
« de Guarraman et de la Caroline resteront en
« sûreté ; ils sont d'une grande importance.

« Lorsque vous aurez obtenu ce succès, je dé-
« sire que vous réunissiez à Andujar une partie de
« vos forces, afin de combattre l'ennemi qui se
« trouve devant nous. Vous ne laisserez à Baylen
« que ce qui sera nécessaire pour sa défense.

« Si l'ennemi occupe Baëza, il faut l'en chasser.

« Recevez mes assurances d'amitié.

« Le général Dupont. »

Certes, si Dupont eut un tort dans le cours de
cette campagne, ce fut de confier l'exécution de
ce plan à un général qui venait de contrevenir
d'une manière si formelle à ses ordres antérieurs,
et avait causé l'échec de Mengibar. Mais Dupont
crut que Vedel n'en serait que plus ardent pour
réparer sa faute ; cela devait être, et pourtant,
frappé d'un aveuglement funeste, ce général sem-
bla prendre à tâche de déjouer toutes les concep-

tions que son chef avait si sagement formées pour le salut de l'armée.

En conséquence de ces ordres, Vedel se met en marche le 16, à neuf heures du soir, avec sa division, augmentée du sixième régiment provisoire et de deux escadrons, c'est-à-dire d'environ quinze cents hommes, que Dupont, se dégarnissant, avait remis sous son commandement pour assurer davantage son succès.

La distance d'Andujar à Baylen est de cinq lieues d'Espagne, qui font environ sept lieues et demie de poste de France.

Arrivé à la maison de poste (casa del rey), qui se trouve à peu près à moitié chemin, Vedel en prévint Dupont par une lettre, et le général en chef lui répondit en ces termes :

« Andujar, le 17 juillet 1808, onze heures du matin.

« J'ai reçu, mon cher général, votre lettre de ce « matin, datée de la poste. Je désire bien appren- « dre votre arrivée à Baylen et votre réunion avec « le général Dufour. J'ai reçu la lettre qu'il m'a « écrite à trois heures après-midi.

« L'ennemi est encore devant Andujar, mais « moins fort qu'hier : il aura probablement fait un « mouvement par sa droite. J'espère que vous ar- « riverez à temps pour joindre M. de Reding et le « battre. S'il y avait des ennemis à Baëza, mena- « çant Guarraman ou la Caroline, il faudrait aussi « les combattre, *car nous devons nous opposer à tout*

« *prix à ce qu'ils s'établissent sur notre ligne d'opé-*
« *rations et de communications.*

« *Cet objet important rempli, il faut nous réunir*
« *promptement pour chasser l'ennemi qui est devant*
« *nous, et profiter du moment où il est séparé en plu-*
« *sieurs corps.*

« Si vous trouviez devant vous des forces trop
« considérables, je marcherai de suite pour vous
« joindre : l'essentiel n'est pas de garder Andujar,
« mais de battre l'ennemi et de rester maîtres de
« nos communications. Après un avantage rem-
« porté, nous serons maîtres de nos mouvements.

« Je compte sur notre fortune, sur vous et sur
« nos braves.

« Mille amitiés.

« Le général DUPONT. »

A la suite du duplicata de la lettre ci-dessus, le
général Dupont écrit :

« Il est onze heures, je n'ai pas encore de vos
« nouvelles. Un parti ennemi s'étant présenté sur
« la route, j'envoie deux compagnies à la poste. Je
« crains que ma première lettre n'ait été enlevée.
« Marquez-moi bien vite la force et le mouvement
« des ennemis de votre côté. »

A huit heures du matin, le 17, Vedel était rendu
à Baylen. Il n'y trouva ni amis ni ennemis. Dufour
et Liger-Belair l'avaient évacué la veille, sans ordre du général en chef. Ces deux généraux, d'a-
près un faux bruit sur les mouvements de l'en-

nemi, s'étaient portés sur la Caroline, pendant
qu'au contraire Reding, se croyant trop aventuré
avec une seule division qui l'avait suivi sur la rive
droite, avait repassé le Guadalquivir et repris sa
position à Mengibar. Vedel, à son arrivée à Baylen,
informa Dupont de ce mouvement. Voici sa lettre :

« Baylen, 17 juillet 1808.

« Mon général,

« Il est huit heures et demie. J'arrive à Baylen,
« où je n'ai trouvé personne. Le général Dufour
« en est parti à minuit et a marché sur Guarraman.
« Comme il n'a laissé personne pour m'instruire
« des motifs de cette démarche, je ne puis rien
« dire de positif à cet égard ; mais le bruit commun
« étant que les troupes ennemies, qui ont attaqué
« hier le général Belair, se sont dirigées avec celles
« qui étaient à Ubeda, vers les gorges, par Linha-
« rès et Sainte-Hélène, on doit penser que le géné-
« ral Dufour s'est mis à leur poursuite, afin de les
« combattre.

« Comme les instructions de Votre Excellence
« portent que je dois faire ma jonction avec le corps
« qui s'était replié sur Baylen, quoique harassé et
« fatigué, je partirai d'ici pour me rendre encore
« aujourd'hui à Guarraman, afin de regagner la
« journée que l'ennemi a sur moi, l'atteindre, le
« battre, et déjouer ainsi ses projets sur les gorges.

« Je vais écrire au général Dufour, pour l'infor-

9.

« mer de mon mouvement, savoir quelque chose
« de positif sur sa marche et sur les données qu'il
« peut avoir de celle de l'ennemi.

« Le corps ennemi qui a combattu le général
« Belair est évalué à six mille hommes. On n'a pu
« me dire le nombre de ce qu'il y avait à Ubeda. Il
« n'est rien passé de ces troupes par Baylen. Je dé-
« sire recevoir cette nuit, à Guarraman, des or-
« dres de Votre Excellence : j'en partirai de bonne
« heure.

« L'ordonnateur, porteur de votre lettre au gé-
« néral Dufour, ne l'ayant pas trouvé à Baylen, est
« retourné à Andujar avec sa dépêche.

« Je fais partir celle-ci par douze dragons : j'es-
« père qu'ils ne trouveront pas d'obstacles.

« Le général de division,

« Vedel. »

On voit par cette lettre que Vedel ne fit aucune
reconnaissance sur Mengibar, à son arrivée à Baylen, ainsi que les ordres du général en chef le lui
prescrivaient positivement. Si Vedel avait suivi
ponctuellement ces ordres, il eût appris que Reding avait repassé le Guadalquivir ; et, au lieu de
se diriger sur Guarraman et la Caroline, pour rejoindre Dufour, il eût continué à tenir la position
de Baylen et de Mengibar, afin de contenir l'ennemi ; Dupont n'aurait pas été induit en erreur et
n'aurait pas approuvé un mouvement que rien ne
justifiait. Mais malheureusement il n'en fut pas

ainsi, et aussitôt que Dupont eut entre les mains les faux renseignements de son lieutenant, il s'empressa de lui envoyer les ordres qu'il réclamait. Ils sont naturellement basés sur la position dans laquelle Vedel dit se trouver (1).

(1) Le général Dupont dut approuver le mouvement de Vedel et de Dufour, aussitôt qu'il apprit que ce point était menacé, jugeant de la plus haute importance les positions de la Caroline et de Linharès.

Nous fournirons la preuve de cette assertion en produisant des passages de deux lettres de Dupont au général Gobert, son ami et son frère d'armes.

Dans l'une, écrite d'Andujar, le 14 juillet, il lui disait :

« Si l'ennemi faisait un mouvement sur Ubeda, pour gagner
« Linharès ou la Caroline, il faudrait bien vite se porter en
« force et avec du canon sur ce point essentiel de la Caroline,
« qui est la clef de tous les chemins de la Sierra. Il faut que ce
« poste ait la plus grande surveillance, particulièrement du
« côté de Baëza et de Linharès. Au premier avis d'un mouve-
« ment de ce côté, les détachements qui sont dans les gorges
« de la Sierra devront se réunir sur-le-champ au poste de la
« Caroline pour le renforcer. C'est une position à ne jamais
« abandonner. Il y faut faire quelques ouvrages pour ajouter à
« sa défense. »

Dans l'autre, écrite aussi d'Andujar, le 17 juillet, Dupont disait à Gobert :

« La position de la Caroline est de la plus grande impor-
« tance. Si l'ennemi s'y porte réellement, il faut le gagner de
« vitesse et y établir la défense la plus opiniâtre.

« Je t'ai engagé à y faire construire quelques ouvrages, il faut
« y faire venir tout ce que tu as laissé en arrière, à Madrilejos,
« Manzanarès et autres endroits, puisque ce point est la clef de
« la Sierra-Morena. Des détachements doivent s'y rendre à mar-

« Andujar, le 17 juillet.

« J'ai reçu votre lettre de Baylen ; *d'après le mou-*
« *vement* de l'ennemi, le général Dufour a très-bien
« fait de le gagner de vitesse sur la Caroline et sur
« Sainte-Hélène, pour occuper la tête des gorges ;
« je vois avec plaisir que vous vous hâtez de vous
« réunir à lui, afin de combattre avec avantage, si
« l'ennemi se présente. Mais, au lieu de se rendre
« à Sainte-Hélène, l'ennemi peut suivre la vieille
« route, qui de Baëza va à Guëmada, et qui est pa-
« rallèle à la grande route ; s'il prend ce parti, il
« faut le gagner encore de vitesse au débouché de
« cette route, afin de l'empêcher de pénétrer dans
« la Manche. D'après ce que vous me dites, ce
« corps ne serait que d'environ dix mille hommes,
« et vous êtes en mesure de le battre complétement ;
« s'il est plus considérable, manœuvrez pour sus-
« pendre sa marche, ou pour le contenir dans les
« gorges, en attendant que j'arrive à votre appui.

« Je vous engage, pour avoir des nouvelles, à en-
« voyer un parti assez fort à Linharès et Baëza,
« pour qu'il ne soit pas compromis. Il est de la
« plus haute importante de savoir la force et la

« ches forcées. Prends les moyens les plus sûrs et les plus
« prompts pour leur faire parvenir tes ordres.

« Il sera nécessaire, en même temps, d'occuper Baylen, pour
« lier notre position de la Caroline à Andujar.

« Je m'en rapporte entièrement à toi. Tu sens comme moi
« l'importance de la Caroline. Il faut garder ce poste à tout
« prix. Préviens-moi de suite du parti que tu prendras, etc. »

(Note de l'auteur.)

« direction des ennemis qui ont passé par ces
« deux villes.

« Il y a encore devant Andujar un ennemi assez
« nombreux ; *mais s'il est passé plus de dix mille*
« *hommes par les montagnes, je ne dois pas balan-*
« *cer à quitter Andujar et à me réunir à vous, pour-*
« *suivre l'ennemi et lui livrer bataille. Marquez-moi*
« *bien rapidement ce que vous aurez de certain à*
« *cet égard. Mon parti dépend de ce que vous me*
« *direz.* Il est de la plus haute importance d'em-
« pêcher tout corps ennemi de se répandre du côté
« de Madrid.

« Si vous trouvez l'ennemi à la Caroline, ou sur
« tout autre point de la grande route, tâchez de le
« battre, *pour venir me rejoindre et repousser ce qui*
« *est devant Andujar.*

« Faites porter vos lettres par des détachements,
« pour plus de sûreté. *Nos succès dépendent en ce*
« *moment de la célérité de vos opérations.*

« Si vous apprenez quelque chose d'important et
« si vous vous portez plus loin, prévenez-en le gé-
« néral Belliard. Il faudra, dans tous les cas, ob-
« server les gorges de Puerto-del-Rey et les garder.

« J'ai reçu la lettre du commandant Baste et
« celle du général Dufour.

« Donnez-moi des nouvelles du général Gobert.

« *J'attendrai de vos lettres avec la dernière im-*
« *patience.*

« Mille amitiés.

« Le général DUPONT. »

En même temps qu'il écrivait cette lettre, Dupont, pour être préparé à tout événement, donna ordre à son corps de se tenir prêt à partir au premier avis (1), et dans la soirée du même jour, il envoya deux bataillons pour entretenir les communications avec Baylen, que les partis ennemis rompaient fréquemment. Il affaiblissait ainsi de nouveau la division Barbou, à Andujar, malgré la supériorité de l'ennemi qui était devant elle; mais il devait penser que le général Vedel aurait bientôt rétabli la sûreté des communications, et qu'il reparaîtrait promptement à Baylen et se réunirait à lui pour achever l'exécution du plan d'opérations qui devait ouvrir l'Andalousie aux troupes françaises.

De son côté, le 17, à dix heures du soir, Vedel opérait sa jonction à Guarraman avec Dufour et Liger-Belair. Il s'empressa d'en instruire Dupont, par la lettre suivante :

« Guarraman, dix heures et demie du soir, 17 juillet 1808.

« J'arrive en ce moment à Guarraman avec ma « troupe. J'y ai rejoint les généraux Dufour et Be- « lair. Ils partent à l'instant pour aller prendre po- « sition à Sainte-Hélène. Peut-être l'ennemi y arri- « vera-t-il avant eux. Dans ce cas, ils m'attendront « pour agir, s'ils ne le peuvent sans moi.

(1) Cela explique comment il a été dit que Dupont avait dû partir le 17 d'Andujar, et qu'il avait, sans cause connue, remis son mouvement au lendemain 18. (*Note de l'auteur.*)

« Les rapports de quelques paysans s'accordent
« à dire que l'ennemi marche par plusieurs che-
« mins pour s'emparer des gorges. On le dit fort de
« huit à dix mille hommes. Ceci paraît exagéré.
« Quoi qu'il en soit, j'espère que nous les mène-
« rons demain à la française.

« *Je donne ordre au général Kavrois, que j'avais*
« *laissé à Baylen, pour protéger la communication,*
« *d'en partir au reçu de ma lettre, pour me rejoindre*
« *demain à Sainte-Hélène.*

« Je chercherai l'ennemi sur toutes les routes,
« afin de le battre partout. Mon expédition termi-
« née, je reviendrai à Baylen avec le gros de ma
« troupe, et y prendrai position pour vous rejoin-
« dre ensuite dans le plus court délai.

« J'ai examiné de nouveau la situation de Baylen.
« Elle me paraît très-avantageuse sous tous les rap-
« ports. Un corps d'armée, établi à Baylen, serait
« maître de tout le royaume de Jaën, en faisant
« occuper Baëza et Ubeda, et y vivrait bien. La
« position de Tavelquento commande toutes les
« autres. Ce village est à peu de distance de Baylen
« et couvre tout le pays.

« Votre Excellence peut se servir avec toute
« confiance du courrier que je lui envoie. Je le
« paye bien et il est entièrement dévoué.

« J'annonce avec peine à Votre Excellence que
« le pauvre général Gobert est mort aujourd'hui de
« ses blessures.

« Ci-joint la lettre que m'a écrite le général Du-
« four , en réponse à la mienne.

                « Je prie Votre Excellence d'agréer, etc.
                « Le général de division,

                        « VEDEL. »

« P. S. — J'ai remis au général Dufour vos deux
« lettres pour le duc de Rovigo. Il les expédiera
« de suite s'il devance l'ennemi , et plus tard s'il
« ne peut faire mieux. »

C'était une autre faute bien grave qu'avait com-
mise Vedel en rappelant Kavrois de Baylen, car
ce point essentiel devait être fortement défendu,
surtout en ce moment où la ligne d'opérations
pouvait être coupée par l'ennemi posté à Mengibar.
L'on ne comprend pas comment ce général, qui
reconnaît lui-même la haute importance de cette
position, dans la lettre que nous venons de rapporter, a pu en retirer les troupes qui en assuraient
la conservation. En effet, Kavrois était parti de
Baylen, Reding s'empara de ce village et coupa le
corps d'armée de Dupont.

Après avoir fait porter le général Dufour sur
Sainte-Hélène, Vedel le suivit lui-même avec ses
troupes jusqu'à la Caroline, où il arriva le 18, à
neuf heures du matin. Là, il apprit avec certitude,
et contrairement aux informations de Dufour, que
l'ennemi n'avait fait aucun mouvement dans cette
direction, et le chef de bataillon Raguzan, arrivant de Madrid, et porteur de dépêches pour le

comte Dupont, lui affirma que la route de Despena-
Perros était libre. Les Espagnols, en faisant répandre de fausses nouvelles, avaient donc eu pour
but d'engager le général en chef à disséminer ses
forces, et ils avaient malheureusement réussi,
grâce à la négligence du général Vedel.

Le 18, Dupont, toujours trompé par son lieutenant, dupe lui-même de faux rapports, aussitôt
qu'il reçoit la lettre de Vedel lui répond sans
retard :

« Andujar, 18 juillet 1808, sept heures du matin.

« Je reçois à l'instant, mon cher général, votre
« lettre de Guarraman, de dix heures et demie du
« soir.

« L'intention de l'ennemi est évidente. Il a voulu
« nous enfermer dans la Sierra-Morena, entre An-
« dujar et Sainte-Hélène, dans l'espoir de nous
« affamer, pour nous attaquer ensuite de front.
« J'espère que le général Dufour sera arrivé à
« temps à Sainte-Hélène, et que l'ennemi n'aura pas
« pu gagner les gorges avant la réunion de vos
« forces sur ce point si important. Après l'avoir
« battu, vous le rejetterez sur Baëza et vous établi-
« rez une bonne défense à Sainte-Hélène. Faites-y
« construire quelques ouvrages pour y placer du
« canon. Ce poste sera alors plus en sûreté.

« Baëza et Linharès devront aussi être gardés.

« Lorsque vous serez de retour à Baylen, le ré-
« sultat de vos opérations actuelles déterminera le

« parti que nous aurons à prendre. *Aussitôt que
« vous le pourrez, envoyez-y quelques troupes pour
« assurer nos communications.* Je ne puis pas me
« dégarnir ici, comme vous le sentez bien, ayant
« toujours devant moi l'ennemi que vous avez vu et
« qui paraît être de la même force.

« J'avais craint que ce corps, qui s'est jeté dans
« les montagnes, ne cherchât à gagner la Manche
« par Guëmada. Cela nous aurait obligés à un mou-
« vement très-long et nous aurait séparés.

« *Je ne vous recommande pas de hâter vos opé-
« rations, vous en sentez trop l'importance.* Instrui-
« sez le général Belliard du résultat de vos mou-
« vements, et demandez un itinéraire des renforts
« qui doivent être en marche. Leur arrivée ne
« peut être trop prompte. Il faut reprendre sur-
« le-champ l'offensive sur l'ennemi.

« Les bataillons de la division Gobert laissés à
« Madrilejos et Manzanarès ont dû recevoir l'ordre
« de se réunir à la division. Assurez-vous si cet
« ordre s'exécute. Il faut que d'autres troupes les
« remplacent pour assurer la route. Parlez-en au
« général Belliard. Je l'ai demandé plusieurs fois
« au général en chef.

« J'attends avec impatience des nouvelles de
« votre journée. J'ai la meilleure espérance, et ce
« que vous me dites y ajoute encore. *Ce moment
« est bien important pour nous.*

« J'ai gardé les dragons qui m'ont apporté hier

« votre lettre ; gardez ceux qui vous ont porté ma
« réponse.

« Mille amitiés,

« Le général DUPONT. »

« *P. S.* — Je suis navré de la perte du général
« Gobert ; je le regretterai amèrement toute ma
« vie.

« *J'espère que votre retour à Baylen sera très-*
« *prompt ;* l'ennemi fait des mouvements devant
« nous (1). »

De son côté, à son arrivée à la Caroline, Vedel
en instruisit Dupont, par la lettre suivante, qu'il
écrivit avant d'avoir reçu les ordres du général en
chef contenus dans sa missive du même jour, de
sept heures du matin.

(1) Il est important de remarquer, qu'en écrivant cette
lettre, Dupont pensait que l'ennemi s'était réellement porté
vers les gorges. Lorsqu'il apprit la fausseté de cette nouvelle,
par la lettre de Vedel, écrite le même jour de la Caroline, à
dix heures et demie du matin, il allait partir, ou il était déjà
en marche pour Baylen, occupé par le corps espagnol de Reding. Recommandant à Vedel d'envoyer quelques troupes à
Baylen pour assurer les communications, lorsqu'il croyait l'ennemi à Sainte-Hélène, combien, à plus forte raison, Dupont
ne lui eût-il pas ordonné de revenir immédiatement sur Andujar avec ses divisions, s'il eût su que l'ennemi n'avait pas
fait de mouvement vers les gorges. Au surplus, toute la correspondance du général en chef répète constamment et formellement : — « Agissez promptement, et revenez en hâte sur An-
« dujar, afin que nous battions l'ennemi. » (*Note de l'auteur.*)

« La Caroline, 18 juillet 1808, dix heures et demie du matin.

« Je suis arrivé ici à neuf heures. Les généraux
« Dufour et Liger-Belair arrivaient à la même heure
« à Sainte-Hélène. Tous les renseignements que
« j'ai recueillis n'annoncent l'existence d'aucun
« corps ennemi en marche dans la Sierra-Morena.
« Le chef de bataillon Raguzan, qui arrive de
« Madrid avec des dépêches pour Votre Excellence,
« n'ayant rien rencontré, je ne crois pas devoir
« remonter plus haut. En conséquence, je prends
« position ici aujourd'hui et me reporterai demain
« à Baylen.

« L'on m'a dit que l'ennemi occupe Baëza,
« Ubeda, Linharès et Mengibar ; que Reding est
« dans ce dernier endroit. On n'a pas su me dire
« qui commande à Baëza.

« J'ai écrit au général Dufour de renforcer le
« poste de Sainte-Hélène. *Il me joindra demain à*
« *Guarraman* (1), et s'il se confirme que les insur-
« gés soient à Linharès, je m'y porterai et viendrai
« ensuite m'établir à Baylen, à moins que les cir-
« constances ne m'engagent à pousser des recon-
« naissances sur Baëza et Ubeda.

« J'ai pris des informations sur l'état des che-
« mins. Ceux de Sainte-Hélène et de la Caroline à

(1) Dans cette lettre, Vedel dit que Dufour le joindra le
lendemain à Guarraman. Il devait donc partir sans ce général !
Mais alors pourquoi l'a-t-il attendu à la Caroline au lieu de se
mettre en marche dans la nuit ? C'est ce fatal retard qui a causé
le désastre de Baylen. (*Note de l'auteur.*)

« Vilchès, de Linharès à Vilchès, et de Vilchès à
« Aldea Quesada, ne sont praticables qu'aux gens
« de pied et aux bêtes de somme. Ce sont des che-
« mins pierreux et montueux où les chars ne vont
« point. Ceci me fait conjecturer que l'ennemi ne
« s'est point engagé dans des passages où l'artillerie
« ne peut suivre.

« Je vous envoie quatre dépêches qu'a appor-
« tées le chef de bataillon Raguzan; je les ai ou-
« vertes, parce qu'il m'a dit qu'il croyait qu'elles
« me concernaient en quelque chose; cet officier
« étant indisposé, ne pourra repartir que dans
« trois ou quatre jours.

« J'ai appris que votre courrier, parti d'Andu-
« jar le 16, a été arrêté à la Caroline. Il a été
« blessé au bras d'un coup de feu, emmené, et ses
« dépêches portées au chef des insurgés.

« J'ai reçu votre lettre d'hier. Je vais envoyer
« au général Dufour celle à l'adresse du duc de
« Rovigo, et lui dirai de la faire parvenir par la
« voie la plus sûre.

« Je vous prie d'agréer l'hommage, etc.

« Le général de division, VEDEL. »

Cependant tous les mouvements de l'armée,
toutes les pensées de Dupont étaient connus de
Castanos, qui avait intercepté la plupart des dépêches expédiées à Madrid; tandis que, de son
côté, le général en chef français éprouvait les
plus grandes difficultés pour se procurer des ren-

seignements exacts sur la position des ennemis. La correspondance de Dupont exprimait de plus en plus la difficulté de se maintenir à Andujar, et d'obéir aux ordres précis qui lui enjoignaient de conserver cette position ; son vif désir de reprendre bientôt l'offensive ; sa méfiance sur l'exiguïté de ses moyens devant des forces ennemies si considérables ; enfin, la détresse où étaient ses soldats, détresse dont les détails formaient comme le fond du tableau qu'il ne cessait de faire de sa situation.

Les généraux espagnols frappés de cette position, et ayant appris la fausse marche de Vedel et de Dufour sur la Caroline, se déterminèrent à arrêter d'une manière définitive le mouvement qui jusqu'alors n'avait été qu'indiqué. En conséquence, la division Reding, ayant passé le Guadalquivir à Mengibar, le 17 au soir, fut jointe le 18 au matin par celle du marquis de Coupigny, et ces deux généraux réunis occupèrent Baylen, après une faible résistance d'une grande garde que Kavrois avait laissée dans cette ville. Ils avaient l'ordre de marcher le lendemain sur Andujar, pour prendre à dos la division Barbou, pendant que Castanos l'attaquerait de front et que le colonel Juan de la Cruz paraîtrait sur ses flancs.

Dans l'après-midi de ce même jour 18, Dupont apprit que les bataillons qui étaient chargés de maintenir la communication avec Baylen, avaient, en se rendant dans cette ville, été arrêtés au pont du Rumblar, où ils avaient trouvé l'ennemi en force. Aussitôt qu'il fut instruit que sa ligne d'opérations était coupée, le général en chef n'hésita plus à abandonner Andujar. Il avait, en effet, gardé cette position jusqu'à la dernière extrémité, ainsi que le portaient ses instructions ; mais il ne devait plus tarder un instant à la quitter, car en y restant, il s'exposait à être pris entre deux feux par l'ennemi ; et d'un autre côté, il devait espérer placer dans la même position le corps espagnol qui occupait Baylen, si, comme il n'en pouvait douter, Vedel, exécutant ses ordres, s'était hâté de marcher pour le rejoindre.

En conséquence, ne pouvant apprécier la force du parti ennemi qui occupait Baylen, il donna austôt à la brigade de gauche de la division Barbou, l'ordre de s'y rendre, et, peu d'instants après, le corps d'armée fut prévenu de se tenir prêt à partir à la tombée de la nuit.

Vers les huit heures du soir, le 18 (1), Dupont

(1) On a dit que la veille, Dupont avait ordonné la levée du camp, mais qu'il avait révoqué cet ordre à cause des soins tout particuliers qu'avait nécessités la grande multitude de ses bagages. Nous n'avons trouvé nulle preuve que Dupont ait donné un ordre semblable, et nous avons expliqué plus haut ce qui doit avoir motivé cette erreur. S'il avait arrêté positivement son départ, le général en chef en eût bien certainement prévenu Vedel ; or, ses lettres du 17 et du 18 au matin prouvent évidemment qu'il comptait au contraire rester encore devant Andujar, et qu'il n'a pris le parti d'abandonner son camp que dans la journée du 18. — Peu d'heures lui ont suffi pour faire ses préparatifs, et cependant, il fallait évacuer

ordonna donc la retraite, qui s'opéra dans le plus grand silence. Dans la crainte de donner l'éveil à Castanos, il ne fit pas détruire le pont d'Andujar, précaution qu'eussent d'ailleurs rendue inutile les nombreux gués du fleuve; et la levée du camp eut lieu avec tant de précautions, qu'il parvint à gagner huit heures, avant que l'ennemi se fût aperçu de son mouvement.

Les troupes furent disposées de manière à pouvoir combattre en avant et en arrière, en cas de surprise, et les équipages au centre; cet ordre de marche était indispensable (1). Une partie de la brigade Chabert, formant l'avant-garde, s'était mise en route comme nous l'avons dit, deux ou trois heures avant le corps d'armée; le reste de cette brigade ouvrait la marche, puis venaient la file des équipages composés des voitures ou fourgons du parc, des ambulances et des bagages (2), et ensuite le

des hôpitaux contenant un nombre énorme de malades. Un départ aussi prompt est donc la preuve d'une extrême activité.

(1) Nous n'avons point adopté l'ordre de marche indiqué dans le rapport que le comte Regnault de Saint-Jean-d'Angely, procureur impérial, adressa à Napoléon, et que tous les auteurs ont copié depuis, parce que rien ne prouve son authenticité. (*Notes de l'auteur.*)

(2) On a estimé à quinze cents le nombre des malades et des convalescents, qui, pouvant à peine se traîner ou être transportés, aimèrent mieux cependant sortir de l'hôpital, que de voir renouveler sur eux les horribles attentats de la Caroline et de Manzanarès. Depuis plus d'un mois la dyssenterie af-

reste du corps d'armée, à la tête duquel marchait le général Dupont. L'arrière-garde paraissant devoir être suivie par l'ennemi et la première à entrer en action, fut composée de troupes d'élite ; c'est là que se trouvaient la garde de Paris et les marins de la garde impériale.

Tout le corps d'armée ne comptait en réalité que six mille combattants au plus, bien qu'en y comprenant les convalescents, les ambulances et les administrations, il formât plus de huit mille hommes.

Nous avons dit que la distance d'Andujar à Baylen est de sept lieues et demie de poste de France. La route traverse un pays montagneux et boisé, et laisse à une grande distance, sur la gauche, les plus hautes montagnes de la Sierra-Morena, qu'on a presque toujours en vue, et sur la droite le Guadalquivir, qui coule de l'autre côté de montagnes moins élevées ; à six lieues

fligeait l'armée ; cette contagion régnait dans tous les rangs, et presque tous les soldats en étaient attaqués.

Nous avons déjà attiré l'attention sur la masse des bagages qui suivaient le corps d'armée de Dupont. Ils se composaient de ceux de l'état-major général du corps d'armée qui était extrêmement nombreux ; de ceux des administrations multipliées qui en dépendaient ou qu'il traînait après lui, ainsi que nous l'avons déjà dit, et des voitures des officiers des régiments suisses que l'on avait tolérées par suite de l'usage du pays. Beaucoup de généraux, d'officiers et d'employés avaient, en outre, avec eux, leurs femmes et leurs familles.

(Note de l'auteur.)

10.

d'Andujar on passe sur un pont de pierre le Rumblar, rivière torrentueuse, dont le lit était alors presque à sec. Au delà s'élève un plateau couvert d'oliviers qui s'abaisse vers Baylen. Après qu'on a dépassé la lisière des oliviers, on traverse sur un petit pont un ruisseau affluent du Guadiel, rivière qui coule de l'autre côté de Baylen.

A trois heures du matin, le 19 juillet, le général Chabert arrive avec sa tête de colonne au pont du Rumblar, et à peine les soldats ont-ils dépassé la rivière, qu'ils heurtent dans l'ombre les avant-postes du corps espagnol de Reding. Ce passage étroit était dominé par une ferme voisine occupée par l'ennemi.

L'avant-garde, qui s'attendait à rencontrer les Espagnols, était préparée au combat et décidée à opérer son passage. Elle chercha donc immédiatement à se faire jour, et, soutenue par quelques décharges de deux pièces de canon, elle refoula les premiers postes jusqu'au débouché d'un bois d'oliviers, d'où l'on découvrit toute l'armée espagnole, formée sur trois lignes, avec son front couvert d'une nombreuse artillerie supérieurement montée.

Les Espagnols n'imaginaient pas être si proches des Français ; Reding se disposait à partir pour Andujar, dans le dessein d'enfermer Dupont entre ses divisions et celles de Castanos, restées sur les hauteurs. Il fit arrêter la marche, et tandis que l'avant-garde, commandée par Saavedra, maintenait l'ordre et contenait les Français, le reste de ses troupes retourna se placer aux positions qu'elles occupaient précédemment.

Fort d'environ vingt à vingt-cinq mille combattants, le corps d'armée espagnol était placé en avant de Baylen, couvrant la route et appuyant ses ailes aux montagnes qui règnent des deux côtés. Il était composé de seize mille hommes d'infanterie de ligne et deux mille de bonne cavalerie; le reste était des hommes de nouvelle levée. A l'avantage du terrain, il joignait donc celui d'une supériorité quadruple en nombre; et ses régiments de ligne, vieilles troupes du camp de Saint-Roch, étaient les meilleurs de toute l'Espagne. Son artillerie consistait en grande partie en pièces de douze, tandis que, le grand parc des Français étant resté à Madrid, ils ne pouvaient opposer aux Espagnols que des pièces de quatre et un très-petit nombre de pièces de huit.

Voyant l'ennemi dans un état si respectable, Dupont jugea que Vedel, qu'il avait dû croire aux prises avec Reding, ne l'avait pas même combattu, et qu'étant bien certainement à portée, ce général allait accourir au premier bruit du canon pour opérer une heureuse diversion sur les derrières des Espagnols. Mais il n'y avait pas un instant à perdre, car il fallait prévenir l'arrivée du corps de Castanos, laissé à Andujar et que Dupont présumait suivre de près son mouvement. La plus grande célérité devait donc animer toutes ses dispositions.

Le général français n'avait ni le choix du passage, ni le choix du terrain, qui, coupé par la route, était parsemé de chaque côté de bois d'oliviers qui devaient gêner ses mouvements. Ses colonnes, bien que fatiguées par huit heures de marche, venaient se former avec rapidité en avant du Rumblar, et déterminé à rejoindre Vedel, il entama l'attaque à quatre heures du matin, sans attendre que ses troupes fussent réunies.

La brigade du général Chabert est la première formée pour le combat. La brigade suisse se place à sa gauche. Le général Faultrier établit une forte batterie sur la route. La brigade du général Pannetier agit sur la gauche, et la cavalerie est disposée selon la nature du terrain, peu propre au développement de cette arme, attendu qu'il est coupé de ravins et, ainsi que nous l'avons déjà dit, en partie couvert de bois. Une réserve tirée de chaque brigade est placée en seconde ligne; le parc des ambulances et les équipages sont rangés en arrière du terrain de l'action, près de la ferme du Rumblar, et le général de division Barbou, avec une partie de la première brigade et les marins de la garde, occupe une position en deçà de la rivière, afin d'en disputer le passage au corps de Castanos, qui, suivant toute probabilité, allait arriver sur les derrières. Toutes les troupes, formées en bataille au fur et à mesure de leur arrivée, étaient en ligne avant six heures.

La première ligne de l'ennemi débordait le front des Français des deux côtés. Voyant sa supériorité, Reding chercha à en profiter pour tourner le flanc droit de Dupont, auquel était opposée une partie de la division Coupigny; afin d'exécuter ce dessein, il fait avancer une forte colonne composée des gardes Wallones, des régiments de Bujalance, de Ciudad-Réal, de Truxillo, de Cuença, des Suisses et des sapeurs de la cavalerie du régiment d'Espagne; mais l'aile droite française opère rapidement un changement de front, et un escadron de cuirassiers, soutenu par la quatrième légion, commandée par le major Teulet, et le bataillon suisse de Freuler, parviennent à repousser les Espagnols et leur enlèvent deux drapeaux. Reding ordonne presque au même instant une attaque semblable sur l'aile gauche et fait avancer ses troupes, commandées par Pédro Grimarest. La troisième légion, sous les ordres du major Delenne, la garde de Paris, conduite par le major Estève, et les marins de la garde qui furent appelés en ligne à ce moment, soutiennent le choc avec une grande fermeté. Les chasseurs et les dragons de la division du général Frésia font une charge brillante qui est couronnée de succès (1). Parmi une foule d'actions d'éclat de tous les corps, les cuirassiers, dans une belle charge, avaient exterminé presque en entier le régiment espagnol de *Los ordines militares*, et sabré sur leurs pièces les canonniers d'une batterie établie sur la gauche de l'ennemi, lorsque Francisco Vénégas, envoyé par Reding, à

---

(1) Le capitaine de cuirassiers Verneret perça quatre fois la ligne ennemie et lui enleva un drapeau.   (*Note de l'auteur.*)

la tête de quelques bataillons, accourut et répara cet échec.

A la vue des drapeaux enlevés aux Espagnols, la plus grande ardeur éclate dans tous les corps, et le champ de bataille retentit des cris de *Vive l'Empereur!* Dupont s'empresse d'ordonner une charge générale sur le centre de la ligne ennemie. Un feu vif d'artillerie avait été dirigé sur ce point dès le commencement de l'action. Le général Dupré, à la tête de la brigade de chasseurs, exécute des charges très-meurtrières pour les Espagnols, se fait jour à travers plusieurs corps et enlève des pièces de canon. Mais l'infanterie française trouvant devant elle des masses trop considérables, ne peut les renverser malgré des efforts multipliés, et le combat continue sans succès, mais sans faiblir.

Quelque temps après, Dupont dispose tout pour une nouvelle charge de sa ligne entière; il fait déployer une partie de ses bataillons, tandis qu'il conserve au contraire le reste en colonnes, et porte son attaque principale sur la droite de l'ennemi qu'il avait cherché d'avance à ébranler par un grand feu. Les Français reprennent l'avantage, et quelques-uns des corps espagnols plient devant eux; mais l'armée de Reding, à laquelle sa supériorité avait permis de se former en plusieurs lignes, et qui est en outre protégée par le terrain, oppose à nos troupes une résistance insurmontable.

Une circonstance qui vint encore rendre la position plus grave, c'est que pendant la bataille, le colonel Juan de la Cruz (1) était arrivé sur le flanc gauche des Français. Embusqués sur les rives escarpées du Rumblar, ses tirailleurs firent beaucoup de mal. En outre, du haut des montagnes et du flanc des rochers, surgissait sans cesse une foule de paysans armés dont les coups de feu portaient le désordre au milieu des réserves et des blessés.

Cependant le soldat s'épuisait, et il était accablé d'une extrême fatigue, ayant déjà, avant le combat, supporté une marche de huit heures; il était de plus dévoré par la chaleur du climat et par une soif intolérable, sur ce sol aride et brûlant (2).

(1) Rejeté avec ses troupes, le 16, des hauteurs de la Sementera, il s'était replié sur Penascal de Moralés, et s'était rapproché de Baylen, le 19, à la pointe du jour, aussitôt qu'il avait entendu le bruit du canon. Il avait pris par la montagne le chemin de Banos, pour se mettre en communication avec le corps de Reding et de Coupigny, et, jugeant que le combat se livrait dans les oliviers, il était descendu sur le bord du Rumblar. (*Note de l'auteur.*)

(2) Le comte de Toréno, dans son *Histoire du soulèvement, de la guerre et de la révolution d'Espagne,* dit, en racontant la bataille de Baylen : « La soif causée par l'excessive chaleur « était si forte, que les combattants ne mirent nulle part plus « d'acharnement que pour s'emparer, tantôt les uns, tantôt les « autres, d'une citerne placée sur le champ de bataille. » Quelques pages plus loin, Toréno ajoute que la chaleur était si forte, que plusieurs soldats des divisions de Reding et de Coupigny tombèrent suffoqués et morts.

Le duc de Rovigo (Savary) s'exprime ainsi, dans ses Mémoires, au sujet de l'affaire de Baylen :

« On a fait sur cette action toutes sortes de contes, tant sur « la manière dont elle fut engagée et conduite, que sur des mo-

Néanmoins, Dupont se décide à tenter de nouveaux efforts. Il forme tous ses bataillons pour une attaque à la baïonnette et réunit à l'infanterie la troupe admirable des marins de la garde. La cavalerie couvre le flanc des colonnes. Une impulsion générale est donnée sur toute la ligne française pour enfoncer l'ennemi et lui enlever sa position; le général en chef, avec tous ses généraux, se met à la tête des colonnes pour rompre le centre, où se trouvaient Reding et le major général Abadia. Cette tentative, ainsi préparée et soutenue par le désir le plus ardent de vaincre, semble devoir être décisive en notre faveur; plusieurs corps espagnols sont mis dans le plus grand désordre, mais Reding les remplace par des troupes tirées des autres lignes, et des forces toujours renaissantes empêchent Dupont de poursuivre ses premiers avantages. Dans cette dernière charge, qui commença vers midi et demi, les marins de la garde s'avancèrent jusqu'à toucher presque les canons espagnols.

C'est alors que l'impossibilité de pénétrer jusqu'à Baylen se fit sentir tout entière au général en chef. Si le courage et l'obstination la plus inébranlable

« tifs que l'on avait eus d'employer les meilleures troupes à une
« autre destination qu'au combat. La vérité est que les troupes
« étaient exténuées de fatigue, et que la chaleur les trouva le
« lendemain dans cet état d'épuisement, sans une goutte d'eau.
« On ne peut se faire une idée, dans un climat tempéré, de ce
« que c'est que cette souffrance; il faut l'avoir éprouvée pour
« en juger. »   (*Note de l'auteur.*)

avaient pu la surmonter, ses troupes en auraient
évidemment triomphé. Parmi ses soldats, il en
voyait dont les forces épuisées ne leur permettaient plus de combattre, tomber de fatigue sans
sortir de leurs rangs, et recevoir le feu de l'ennemi
sans pouvoir y répondre; le plus grand nombre
étaient dévorés d'une soif si ardente qu'ils quit-
taient les rangs en désordre pour se précipiter vers
la rivière du Rumblar. Le général Dupré et le major Bureau avaient été tués; le général en chef, le
général Schramm et un grand nombre d'officiers
supérieurs avaient été blessés; beaucoup de compagnies n'étaient plus commandées que par des
sous-officiers; et quinze cents hommes, tant tués
que blessés, gisaient sur le champ de bataille. Enfin, après cette dernière tentative, il ne restait que
deux mille hommes, tout au plus, en ligne et en
état de combattre (1).

(1) Voilà la vérité! Cependant un général, sur le compte duquel nous reviendrons plus loin, a prétendu qu'à ce moment
Dupont avait DEUX MILLE HOMMES employés à la garde des bagages; et une assertion aussi absurde a été crue!... Mais quand
bien même les fourgons eussent contenu toutes les richesses de
Cordoue, est-ce qu'ils avaient besoin d'être gardés par UN
TIERS du corps d'armée? Le véritable, le seul moyen de les
sauver, n'était-il pas de vaincre? Dans ce but, il était nécessaire que Dupont mît en ligne tout ce qu'il avait de troupes
disponibles, et c'est ce qu'il a fait.

Nous le répétons, les bagages n'avaient, pendant la bataille,
aucune garde particulière; mais nous avons dit que le général
Barbou était resté au pont du Rumblar, avec trois compagnies
pour observer l'ennemi; et, pendant un certain espace de temps,

De toutes les affaires où le général Dupont vit la fortune couronner la bravoure de ses anciennes divisions, l'on peut dire hardiment qu'il n'en est point où il y ait eu plus de dévouement, où les dispositions aient été plus conformes aux règles de l'expérience militaire. Les régiments, qui combattaient pour la seconde fois seulement, avaient montré tout ce qu'on peut attendre de jeunes et courageux soldats; le général en chef, quoique atteint d'une blessure douloureuse (1), était cependant resté sans cesse à la tête des troupes, avait conduit toutes les opérations (2), et pendant la

les marins de la garde furent maintenus en réserve auprès du parc des bagages et des ambulances, où se trouvaient réunis les malades, les convalescents d'Andujar, les soldats blessés pendant le combat, les hommes fatigués et les administrations; ce fut, peut-être, ce qui donna lieu à cette fausse accusation, que l'on a tant de fois répétée sans essayer même d'examiner la possibilité du fait.

(1) Dupont avait été atteint d'un coup de feu dans les reins; on a eu l'absurdité de lui en faire une accusation de lâcheté, en disant *qu'il avait été blessé par derrière*, comme si un général en chef pouvait toujours faire face à l'ennemi. La vérité est, cependant, qu'il faisait face aux Espagnols dans le moment où il fut blessé; cela s'explique, les flancs des Français étant dominés, comme nous l'avons dit, par de nombreux tirailleurs placés à droite et à gauche sur les montagnes.

(2) Le général Dupont affirme que, d'après leur propre aveu, les Espagnols eurent, dans cette bataille, quatorze pièces d'artillerie démontées, et perdirent trois à quatre mille hommes.

(*Notes de l'auteur.*

longue durée de ce combat inégal, s'était toujours maintenu au milieu du feu.

Dupont ne se soutenait plus qu'à la faveur de ses batteries, dont une partie avait été démontée par le feu de l'ennemi dès le commencement de l'action, et d'un bois qui dérobait aux Espagnols l'état de crise absolue où se trouvaient ses troupes. La brigade suisse presque tout entière, à l'exception des chefs et des officiers, venait d'abandonner le champ de bataille pour passer dans les rangs opposés.

Il était environ deux heures de l'après-midi. Ce fut dans ce moment que le général Barbou, qui était resté sur le Rumblar avec trois compagnies pour observer la route d'Andujar et surveiller Castanos, apprit à Dupont l'arrivée du corps auquel il avait la veille dérobé sa marche, et lui annonça que les Espagnols tiraient des coups de canon, afin de prévenir Reding de leur approche.

Si cette division ennemie continuait son mouvement, c'en était fait des troupes françaises, qui se trouvaient dès lors enfermées entre deux corps d'armée si supérieurs en nombre, et sans aucun moyen de retraite, puisqu'elles étaient resserrées à droite et à gauche entre des montagnes boisées et difficiles que garnissaient en outre de nombreux tirailleurs.

Dupont avait en vain attendu jusqu'à cette heure la diversion que devait opérer Vedel sur les derrières de Reding. Après lui avoir laissé le temps nécessaire pour arriver à son aide avec ses neuf mille hommes, que, d'après sa dernière lettre, il devait croire à portée, il pensa qu'une circonstance extraordinaire avait dû retenir ce général éloigné du champ de bataille (1), puisque le bruit du canon ne l'avait pas fait accourir. Le peu de soldats qui lui restaient encore, étant épuisés de lassitude, par suite de ce long combat de dix heures; et de plus entièrement découragés, le général Dupont ne pouvait espérer d'eux de nouveaux efforts, puisque sa voix et l'exemple de ses officiers étaient impuissants. Dans cette fâcheuse extrémité, le général en chef prit le seul parti qu'il eût à prendre, et envoya auprès du général Reding le capitaine de Villoutreys (2), écuyer de l'Empereur, pour proposer

(1) Dupont dut croire que Vedel était plus loin que la Caroline, puisque, quoique le combat eût commencé vers trois heures du matin, il n'était pas encore arrivé à deux heures de l'après midi à Baylen, et qu'il ne faut que cinq à six heures pour venir de la Caroline à Baylen. (*Note de l'auteur.*)

(2) On s'étonnera peut-être de l'importance du rôle que joua dans cette circonstance un simple capitaine. M. de Villoutreys fut, en effet, successivement chargé par Dupont d'opérer la négociation de l'armistice, de se rendre à Andujar, auprès du général Castanos, afin d'obtenir la retraite sur Madrid, d'accompagner ensuite le général Chabert, fondé de pouvoirs du général en chef, pour conclure la convention, et enfin de porter au duc de Rovigo, comme parlementaire, le traité signé avec les généraux espagnols. Mais ce choix s'explique par la qualité d'écuyer de l'Empereur qu'avait M. de Villoutreys. Faisant partie de la Maison de Napoléon, il était probable qu'il serait appelé à rendre compte personnellement au souverain de tout ce qui s'était passé dans ces tristes circonstances. Dupont devait donc désirer qu'il fût à même, plus que tout autre,

une suspension d'armes et demander le libre passage de ses troupes sur Madrid, par Baylen. Reding consentit à accorder l'armistice (1), ce qu'il n'aurait sans doute pas fait, s'il avait connu la véritable position de Dupont et l'arrivée du corps de La Pena, dont les coups de canon s'étaient perdus dans le bruit de l'artillerie française et espagnole; et il fut convenu que les deux armées occuperaient le terrain où elles se trouvaient; mais Reding renvoya au général Castanos, pour les conventions ultérieures, n'ayant pas de pouvoirs assez étendus pour traiter de l'évacuation sur Madrid, par la Sierra.

Pendant ce temps, La Pena était arrivé près du

de faire connaître à l'Empereur, dans leur entier, tous les détails de la négociation. Le choix de M. de Villoutreys, ainsi que celui du général Marescot, est donc une nouvelle preuve de la loyauté de Dupont.

(1) On a prétendu que cet armistice aurait dû être écrit et signé. La parole des généraux suffit ordinairement en pareil cas; une stipulation par écrit n'ajoute aucune valeur à ces sortes de conventions du moment, qui reposent toujours sur la bonne foi des chefs des deux armées, et dont sans cela la force seule pourrait garantir l'exécution. Or, Dupont était le plus faible. D'ailleurs, dans cette circonstance, on ne peut trouver mauvais qu'il n'eût pas déterminé le moment où la trêve expirerait, car ses troupes étaient dans un état si affreux, qu'il devait considérer au contraire comme une bonne fortune qu'on n'eût rien stipulé à cet égard. Comme aucun terme n'avait été fixé pour l'armistice, il en résultait que chaque parti pouvait le rompre, en en donnant seulement avis à l'autre. C'est ce que fit La Pena plus tard. (*Note de l'auteur.*)

pont du Rumblar avec dix-huit mille hommes, et avait commencé son attaque contre le détachement chargé de défendre cette position. Ce ne fut qu'après de très-grandes difficultés que ce général consentit à adhérer à l'armistice, et à suspendre le mouvement de ses troupes qui allaient indubitablement écraser la division Barbou (1).

En effet, son corps d'armée étant complétement indépendant de celui de Reding, il pouvait se considérer comme n'étant pas lié par la suspension d'armes consentie par ce dernier. Il s'arrêta, cependant, et sa loyauté sauva la division Barbou d'une destruction immédiate. Aussi quand, plus tard, Reding fit de son côté valoir la même suspension d'armes pour arrêter l'attaque de Vedel, et réclamer la restitution des prisonniers faits par ce général, Dupont ne put pas faire autrement que de reconnaître la justice de sa demande. Mais n'anticipons pas sur la suite des événements.

Pendant que ces choses se passaient à Baylen, voyons ce que faisaient le général Vedel et son corps d'armée, que Dupont avait essayé de prévenir de son mouvement sur Baylen, en lui envoyant plusieurs ordonnances qui vraisemblablement ne purent arriver jusqu'à lui, l'ennemi interrompant le passage.

---

(1) Dupont avait fait placer des obus sous le pont du Rumblar, pour le faire sauter lorsque paraîtrait le corps de La Pena. La conclusion de l'armistice empêcha de recourir à cette extrémité. Du reste, le Rumblar, rivière torrentueuse, était presque à sec en ce moment. (*Note de l'auteur.*)

Nous avons vu que Vedel était arrivé à la Caroline le 18, à neuf heures du matin, et qu'il y avait
acquis la certitude que l'ennemi ne s'était pas porté
sur les gorges. Comprenant alors que Reding, au
lieu de gagner la Sierra, était retourné à Mengibar, et que les Espagnols pouvaient s'emparer de
Baylen, dégarni depuis le rappel de Kavrois, et par
conséquent couper la ligne française, Vedel, après
avoir reçu dans l'après-midi de ce jour la dernière
lettre de Dupont, écrite le matin même, qui lui
enjoignait toujours la plus grande célérité, et lui
prescrivait de se reporter rapidement sur Baylen,
va accourir sans doute sur ce point après avoir
fait reposer sa division quelques heures. Il va du
moins y envoyer en toute hâte quelques troupes
pour assurer les communications, ainsi que le général en chef le lui prescrit. Non! il reste à la Caroline, non pas jusqu'au soir seulement, mais jusqu'au lendemain matin 19! On ne peut réellement
comprendre comment Vedel ne partit pas de la
Caroline le 18, au moins à la nuit tombante, puisqu'il devait éviter la chaleur d'une marche de jour,
afin d'être de retour à Baylen le lendemain matin.
N'eût-il envoyé qu'une partie de ses troupes pour
occuper cette position, ne fussent-elles arrivées
même qu'à Guarraman, dans la nuit, comme il
eût été alors facile d'arriver sur le lieu du combat
à huit heures du matin, en partant aux premiers
coups de canon, cette diversion eût, sans nul
doute, changé la face des choses, car Reding devait être préoccupé de la présence de Vedel sur

ses derrières, et le moindre mouvement de l'avant-garde de cette division l'eût contraint de se replier sur Mengibar (1).

Tous les malheurs de l'armée eussent été ainsi prévenus, et la défaite des ennemis fût devenue immanquable, comme l'avait prévu Dupont. En vain Vedel s'est rejeté sur la nécessité de réparer le charronnage de son artillerie et sur la fatigue de ses troupes. Il devait marcher sans retard sur Baylen, quand bien même il eût laissé en arrière et Dufour et une partie de ses canons, puisque la cause qui avait nécessité son mouvement sur les gorges n'existait plus, et qu'il avait tout motif de craindre que ses communications avec la division Barbou ne fussent absolument coupées. Ce retard fut une troisième faute bien plus grave encore que ses deux fautes précédentes, puisqu'une marche prompte aurait pu réparer celles-ci. Qu'avait donc Vedel, pour

(1) Reding, comme nous l'avons vu, n'avait pas l'intention de rester à Baylen. Une marche prompte devait le porter sur Andujar pour cerner Dupont, et ce fut la retraite du général en chef qui l'empêcha de faire ce mouvement; n'ayant pu exécuter son plan, il devait d'autant plus craindre d'être entouré lui-même, qu'il se trouvait rapproché davantage du corps de Vedel. Il est donc probable que si ce général avait eu l'heureuse idée de faire seulement tirer quelques coups de canon de Guarraman, afin d'annoncer son arrivée à la division Barbou, il aurait produit sur Reding un effet analogue à celui que produisirent les coups de canon de La Pena sur Dupont, puisque les positions étaient les mêmes. Reding, qui avait la possibilité d'opérer sa retraite, se serait, sans nul doute, empressé de s'éloigner immédiatement.   (*Note de l'auteur.*)

prendre ainsi, sans cesse, la contre-partie des ordres qui lui étaient donnés (1)?

Ayant rappelé de Sainte-Hélène le général Dufour, en lui prescrivant de laisser deux bataillons pour garder cette position, sa jonction avec ce général s'effectua dans la nuit du 18.

A trois heures et demie du matin l'on entendit gronder le canon dans la direction de Baylen. Cependant Vedel ne partit qu'à cinq heures pour Guarraman, situé à demi-distance de la Caroline à Baylen.

Sur les neuf heures, les deux divisions entraient dans ce bourg, qui n'est plus qu'à trois lieues de poste de France du champ de bataille où Dupont se trouvait dans une si critique position. Le bruit de l'artillerie se faisait alors entendre violemment; malgré les observations de ses officiers et l'impatience de ses soldats de marcher en avant, Vedel ordonna une halte et fit faire la soupe. Pendant la halte, un troupeau de chèvres étant

(1) On trouve dans un rapport que le ministre de la guerre adressa à l'Empereur sur l'affaire de Baylen, aussitôt qu'elle fut connue en France, la phrase suivante : « Je ne sais si la si- « militude de grade n'a pas eu une influence funeste contraire « à la discipline, ou si c'est au manque de sévérité de Dupont « envers des officiers généraux, presque ses égaux, que cet évé- « nement désastreux doit être attribué. »

On a dit aussi que le général Vedel était malade. Cela est possible. On sait l'influence que des circonstances minimes en elles-mêmes ont eue quelquefois sur les événements politiques les plus graves. *(Note de l'auteur.)*

passé sur la route, on leur fit la chasse avec ardeur. Le temps du repos ne devait être d'abord que de deux heures; quoique la canonnade se fît toujours entendre, il se prolongea bien davantage, et ce ne fut que cinq heures après l'arrivée à Guarraman que le bruit de la canonnade et de l'artillerie cessa entièrement, et qu'un silence profond succéda au fracas du combat.

Chefs et soldats sentirent alors la gravité de ce fatal retard, et comprirent qu'une grande calamité pesait sur toute l'armée. Les représentations les plus véhémentes furent adressées au général Vedel, qui ordonna enfin de se mettre en marche sur Baylen, laissant à Guarraman la division Dufour, ainsi que les cuirassiers du général Lagrange. Il était alors environ deux heures.

Mais le repos que le général Vedel avait fait prendre à ses bataillons avait tout perdu, car même en partant de la Caroline à cinq heures du matin, il pouvait faire, sans s'arrêter, une route de six lieues sur un chemin magnifique et bien tracé, et être arrivé à Baylen à onze heures du matin. Cette faute militaire, si malheureuse, qui laissa pendant cinq longues heures deux divisions dans le repos, à trois lieues du champ de bataille où une autre division française luttait seule contre un ennemi d'une supériorité si écrasante, décida de la campagne d'Andalousie, dont les premières opérations avaient été heureuses, et détruisit tout ce que les dispositions judicieuses du général Dupont et le courage le plus dévoué de ses troupes et de ses officiers généraux devaient obtenir de succès glorieux et décisifs (1).

(1) Le général Vedel, pour pallier ses fautes, s'est rejeté sur la fatigue de ses troupes et sur la route affreuse qu'il avait eue à parcourir depuis son départ de Mengibar.

Pour répondre d'une manière péremptoire à cet argument, il ne faut qu'établir la récapitulation par journées de la marche de sa division, et du nombre de lieues qu'elle a parcourues.

Nous présenterons ici cet état :

Lieues de poste
de France.

Le 15 juillet, Vedel part de Mengibar à 6 heures de l'après-midi, s'arrête quelques heures à la maison de poste, et arrive vers 2 heures de l'après-midi, le 16, à Andujar.......................... 7 1/2

Le 16, vers 9 heures du soir, il part d'Andujar, s'arrête à la maison de poste, et arrive à Baylen le 17, à 8 heures du matin.... 7 1/2

Le 17, dans la soirée, il part de Baylen, et arrive à Guarraman, le même jour, à 10 heures du soir.......................... 3

Le 18, au matin, il part de Guarraman, et arrive à la Caroline à 9 heures du matin............................... 3

Le 19, à 5 heures du matin, il part de la Caroline, et arrive à Guarraman à 9 heures............................ 3

Le même jour, à 2 heures de l'après-midi, il part de Guarraman, et arrive à Baylen à 5 heures.......................... 3

______
27 lieues.

Ainsi, depuis le 15 jusqu'au 19, c'est-à-dire en 95 heures, ou *quatre jours*, les troupes de Vedel ont fait 27 lieues de poste, en marchant presque toujours la nuit ou de grand matin, ce qui donne une étape de moins *de 7 heures* par journée.

D'un autre côté, comme il est impossible d'admettre qu'il faille à une troupe, marchant constamment sur une belle route, et qui n'est point retardée par des équipages, plus d'une heure pour parcourir une lieue de poste de France, on voit que sur 95 heures, les troupes de Vedel ont eu 27 heures de marche et 68 heures de repos. Il est donc impossible d'admettre qu'elles fussent aussi fatiguées que ce général le prétend.

Quant aux chemins, il paraît, en effet, que celui de Men-

Vers cinq heures de l'après-midi, arrivé en vue de Baylen, Vedel aperçut de loin l'ennemi qui l'occupait. Alors lui apparut dans tout son jour le résultat de son inaction, et il résolut de la réparer; il se prépara donc au combat.

Reding lui envoya immédiatement deux parlementaires, en le faisant prévenir qu'une suspension d'armes venait d'être conclue entre Dupont et lui. Vedel ne répondit qu'en invitant ces officiers à rejoindre le général espagnol et à lui dire qu'il allait attaquer. Achevant en même temps ses dispositions, il envoya pourtant à Dupont son aide de camp, le chef de bataillon Meunier, avec la mission de s'assurer de l'état réel des choses (1).

Au bout d'une demi-heure, son aide de camp n'étant pas encore de retour, Vedel fit avancer ses troupes et engagea l'attaque.

gibar à la maison de poste était fort mauvais, mais à l'égard de celui d'Andújar à la Caroline, le général Vedel ne peut être admis à le trouver détestable. Cette route est, en effet, la grande route royale de Bayonne à Cadix, qui traverse toute l'Espagne, chemin de poste parfaitement entretenu en 1808 comme aujourd'hui, quelque peu sinueux et ondulé à cet endroit, à cause des montagnes qu'il contourne et qui le commandent à droite et à gauche, mais très-bien tracé et très-facile à parcourir.

(1) Dupont répondit à Meunier qu'une suspension d'armes existait en effet, et qu'il ne fallait pas engager le combat. Il ne put se défendre de lui témoigner aussi la peine qu'il ressentait de l'arrivée trop tardive de cette division. Cet aide de camp ne retourna auprès de Vedel que le lendemain matin.

(Notes de l'auteur.)

On a donné bien de l'importance à ce combat.
Il est pourtant certain que les troupes espagnoles,
fatiguées de la longue défense qu'elles avaient soutenue, et qui ne s'attendaient pas à être surprises
au milieu de l'armistice, surtout lorsque l'on venait d'en donner connaissance à la division française qui arrivait, ne s'étaient pas mises en défense, et que la cavalerie du général Boussard,
tournant leur droite, surprit plusieurs bataillons
avancés qui étaient couchés par terre et faisaient
la sieste, leurs armes en faisceaux. Le général Cassagne, à la tête de la première légion, les attaqua
en front, et après quelque résistance de la part
des ennemis qui s'étaient ralliés, Vedel s'empara
de deux pièces d'artillerie, de deux drapeaux et
d'un millier d'hommes environ. Cependant la
gauche des Espagnols s'étant formée en avant de
la position de l'ermitage de San-Cristoval, fit d'a-
bord plier les deux bataillons qui lui étaient opposés, et la cinquième légion venait d'accourir à
leur aide, lorsque M. Barbarin, aide de camp du
général en chef, accompagné d'un officier espagnol, apporta à Vedel, au milieu du feu, l'ordre
écrit de cesser le combat. Il était ainsi conçu :

« Du camp de Baylen, le 19 juillet 1808.

« Je vous prie, mon cher général, de ne point
« agir jusqu'à nouvel ordre. D'après ce qui s'est
« passé aujourd'hui, il a été convenu entre M. Re-
« ding et moi, qu'on chercherait les moyens de

« faire un arrangement, et des officiers ont été,
« en conséquence, envoyés à M. de Castanos. J'at-
« tends sa réponse sous peu d'heures ; je me fie en-
« tièrement à la loyauté de M. le général Reding,
« et vous serez prévenu des conditions qui auront
« été faites.

« Recevez les assurances de mon attachement.

« Le général DUPONT. »

Lorsque Vedel commença son attaque, le général en chef, malgré l'armistice conclu, espéra
un moment qu'il pourrait encore tirer un parti
avantageux de ce secours, sur lequel il ne comptait plus depuis si longtemps, et qui arrivait si
tardivement. Il espéra qu'une dernière tentative
lui ouvrirait la route de Madrid, à travers le corps
de Reding, et qu'il pourrait opérer sa jonction
avec ses autres divisions. Il employa donc tous ses
efforts pour ranimer l'ardeur de ses troupes ; mais
ce fut en vain que le bruit du canon de Vedel retentit aux oreilles de la division Barbou, ses bataillons n'étaient plus composés que de soldats
exténués de fatigue ; en vain chercha-t-on à relever leur moral, ce n'étaient plus des braves qu'on
conduit à la victoire, mais bien des malheureux
qu'il eût fallu traîner à la mort et à la boucherie. Il
n'y en avait plus qu'un petit nombre de valides ; les
autres, dévorés par la soif, affaiblis par une abon-
dante transpiration, ne pouvaient même plus reprendre leurs armes. On sait que la fatigue se fait

bien plus sentir quelques heures après, que pendant l'action même. Le repos de trois ou quatre heures, loin d'avoir réparé les forces des soldats, n'avait donc pu que les énerver davantage.

Forcé, dès lors, de revenir à l'armistice qu'il avait obtenu de Reding, Dupont envoya à Vedel, sur les vives réclamations des Espagnols, qui se plaignaient de trahison, l'ordre de cesser le combat, sentant très-bien que s'il laissait agir son lieutenant, La Pena accourant à l'aide de Reding, écraserait en passant les débris de la division Barbou, incapables de former la moindre résistance, et que dès lors Vedel, seul contre une armée de quarante mille hommes, succomberait infailliblement. D'ailleurs, après ce qui s'était passé quelques heures auparavant entre Dupont et La Pena, agir autrement eût été une déloyauté indigne, et la vengeance qu'en auraient tirée immédiatement les Espagnols, n'aurait été que juste. Nous ajouterons que la division du général Vedel, étant sous les ordres de Dupont, Vedel devait être considéré comme bien plus lié par l'armistice que La Pena, qui n'était nullement sous les ordres de Reding.

Aussitôt qu'il avait obtenu la suspension d'armes, Dupont avait envoyé auprès du général en chef Castanos le capitaine de Villoutreys, avec mission de lui demander le passage sur Madrid, pour les troupes de la division Barbou. Mais la journée étant avancée, et Castanos étant de sa personne resté à Andujar, de Villoutreys fit une longue route pour le rejoindre, et ce ne fut que vers huit heures du soir qu'il arriva auprès de lui. A ce moment, le général espagnol ignorait encore l'arrivée de la division Vedel à Baylen, et voulant tirer parti de son avantage et de la position critique où se trouvait Dupont, renfermé entre Reding et La Pena, il répondit qu'il fallait que le corps d'armée se rendît à discrétion, et il chargea le général La Pena d'entendre les propositions de Dupont.

Le capitaine de Villoutreys revint à Baylen le lendemain matin de très-bonne heure (20 juillet), avec des officiers espagnols que Castanos envoyait auprès de son lieutenant.

Le comte Marescot, premier inspecteur général du génie, que l'insurrection qui avait éclaté à Cadix, alors qu'il se dirigeait sur cette ville, avait obligé de suivre les mouvements du corps de Dupont, se trouvait en ce moment à son quartier général, quoiqu'il ne fît pas partie de l'armée. Cet officier était personnellement connu de La Pena, et, en conséquence du rapport de Villoutreys, Dupont le pria d'aller sonder les dispositions du général espagnol.

Pendant ce temps, le général en chef chercha de nouveau par tous les moyens à ranimer l'esprit abattu des troupes, et à les exciter à de nouveaux efforts. Il parcourut les bivouacs établis sur le champ de bataille, au milieu des morts et des blessés qui le couvraient. Les généraux, les chefs de corps, les officiers supérieurs, se réunirent à lui pour électriser le courage des soldats. Mais l'abattement de ces malheureux était tellement grand, qu'il ne permit pas d'espérer la moindre réussite dans le projet de faire une dernière tentative pour s'ouvrir un passage (1).

Le général Marescot, revenant alors rendre compte à Dupont de sa mission, lui dit qu'il avait trouvé La Peña inébranlable; que, fort des recommandations de Castanos, il demandait que le corps de Dupont se rendît à discrétion, et qu'il lui donnait pour cela une heure. Marescot ajouta : «Il « faut assembler un conseil de guerre; vous n'avez « que peu de temps pour vous décider; l'ennemi « ne fera pas de quartier.»

Lorsque Dupont apprit la réponse de La Peña, il s'écria : «*Eh bien! il faut nous faire tuer tous, et* « *ne pas traiter avec de tels ennemis.*» Mais bientôt la réflexion venant l'éclairer, ses véritables devoirs apparurent au général en chef. On peut se faire

(1) Nous avons vu qu'on n'avait jamais pu donner plus de demi-ration aux troupes pendant leur séjour à Andujar; quelquefois même le soldat avait été réduit à trois onces de pain par jour. Depuis le 18, il n'avait pas reçu de distribution.

« Dupont voulait combattre encore..... dit le général Foy, « dans son *Histoire de la guerre de la Péninsule;* mais pour exé- « cuter des résolutions plus ou moins vigoureuses, il fallait « avoir des soldats à conduire. Or, les infortunés n'étaient plus « des soldats : c'était un troupeau dominé par les besoins phy- « siques, sur lequel les influences morales n'avaient plus de « prises. La souffrance avait achevé d'énerver les courages. Au- « cune étincelle, aucune saillie énergique n'apparut dans les of- « ficiers des régiments, parce que, d'après leur première forma- « tion, ils avaient été mal composés. » (*Note de l'auteur.*)

tuer! cela est facile! cela est beau et glorieux quelquefois! Mais dans la position où se trouvait Dupont, devait-il froidement dévouer à la mort plusieurs milliers d'hommes qui avaient vaillamment combattu et ne pouvaient plus tenir leurs armes? Si ce général l'eût fait dans un moment de désespoir, la France, l'humanité tout entière lui en eussent demandé compte! Il eut plus de courage, et, quoi qu'on en ait pensé, il mérita mieux de son pays.

Suivant le conseil de Marescot, le général en chef réunit immédiatement les généraux et officiers supérieurs de sa division, et leur demanda leur opinion sur la situation où se trouvait le corps d'armée.

Nous rapporterons dans son entier la pièce importante et trop peu connue qui contient le résultat de cette délibération.

« Au camp devant Baylen, le 20 juillet 1808.

« Le général en chef ayant convoqué dans sa
« baraque MM. les généraux et officiers supérieurs,
« il leur a demandé leur avis sur la situation où
« se trouve le corps d'armée et sur la proposition
« faite par l'ennemi de se rendre prisonniers de
« guerre. On a considéré que le combat de la veille,
« qui a duré neuf heures, et qui a été si violent et
« si meurtrier, n'ayant pas produit le résultat que
« l'on en attendait, celui d'ouvrir le passage de
« Baylen, dont l'ennemi, fort de vingt à vingt-cinq

« mille hommes, était maître, on ne pouvait enga-
« ger une nouvelle affaire avec quelque espoir de
« succès. On a observé que le moral de la troupe
« était très-altéré; que presque toute notre artille-
« rie était démontée; que le reste de l'armée du
« général Castanos était sur nos derrières et fermait
« le chemin d'Andujar (1), et que le terrain ne per-
« mettait aucun passage sur les flancs. Dans cette
« circonstance si critique, on a jugé que, l'honneur
« de l'armée étant sauvé par le combat de la veille,
« dans lequel on a pris des canons et des drapeaux
« à l'ennemi, et où la bravoure française a éclaté,
« il était indispensable d'adhérer aux propositions
« de l'ennemi, pour conserver à Sa Majesté l'Empe-
« reur des troupes aussi dévouées pour son ser-
« vice.

« En conséquence, MM. les officiers généraux et
« supérieurs déclarent que le général en chef Du-
« pont, en prenant ce parti, cède à la nécessité mi-
« litaire la plus évidente, et que, se trouvant en-
« touré par une armée ennemie de quarante mille
« hommes, il doit éviter, par un traité qui ne viole
« en rien l'honneur de l'armée, la ruine entière de
« ces mêmes troupes.

Signé : « Le général de division, G. Barbou; le gé-
« néral de division, Rouyer; le général de division,
« Frésia; le général de brigade commandant l'artil-
« lerie, Faultrier; le général de brigade, Schramm; le

(1) Le corps d'armée de La Pena était d'environ dix-huit
mille hommes.   (*Note de l'auteur.*)

« général de brigade, Chabert ; le général de bri-
« gade commandant le génie, Dabadie ; Freuller,
« colonel ; Teulet, major ; Delenne, major ; Estève,
« major (1). »

Après ce conseil de guerre, dont le procès-verbal fut dressé sur la demande du général Barbou,
Dupont ne pouvait plus hésiter, et il se décida à
envoyer auprès de Castanos, à Andujar, le général
Chabert. C'était un ancien député aux assemblées
nationales, accoutumé aux affaires ; il avait déployé
une grande fermeté pendant la bataille, où il avait
eu deux chevaux tués sous lui : il était donc juste
de penser qu'il montrerait autant d'énergie dans
la négociation qui allait s'ouvrir. La grande réputation militaire du comte Marescot, sa haute position comme grand officier de l'empire, les relations

(1) Le major Teulet commandait la quatrième légion, le
major Delenne la troisième, le major Estève la garde de Paris.

On a reproché à Dupont de n'avoir pas convoqué à ce conseil de guerre le général Vedel, ni aucun officier de sa division.
Ils n'y furent pas appelés, parce qu'il ne s'agissait que des divisions Barbou et Frésia, et que Dupont, loin de penser alors
à comprendre la division Vedel dans la capitulation, comptait
à ce moment faire opérer à ce général sa retraite par un mouvement dérobé. La présence de Vedel au conseil de guerre aurait
donc été sans objet. D'ailleurs, le temps ne permettait pas de
l'appeler, car il fallait délibérer sur-le-champ, puisque La Pena
n'avait donné qu'une heure, que ses troupes avaient déjà pris les
armes, et qu'elles n'étaient qu'à un quart d'heure de marche.
Enfin, il est difficile de penser que Reding eût permis au général Vedel, ou même à un de ses généraux, de traverser son
corps en ce moment.   (*Note de l'auteur.*)

personnelles qu'il avait eues anciennement avec Castanos, enfin les rapports qu'il avait ouverts le matin même avec La Pena, portèrent Dupont à prier ce général d'assister comme conseil à la conférence qui allait avoir lieu avec les chefs espagnols, pensant avec raison que sa présence serait d'une grande utilité. Cet officier, d'un caractère honorable, mais faible, refusa d'abord, sous prétexte qu'il ne faisait pas partie du deuxième corps d'observation de la Gironde; mais le général en chef lui ayant dit qu'on l'accuserait d'indifférence pour l'armée, ce raisonnement le frappa, et il se détermina à accepter cette mission. Le capitaine de Villoutreys, écuyer de l'Empereur, accompagna aussi le général Chabert avec plusieurs autres officiers. Ils trouvèrent Castanos à la maison de poste, à mi-chemin d'Andujar à Baylen, et les négociations commencèrent dans le milieu de cette même journée.

En conséquence de l'armistice, Dupont, dans la matinée du 20, donna à Vedel l'ordre d'opérer entre les mains des Espagnols la restitution des canons, des drapeaux et des prisonniers que Reding réclamait avec de vives instances, comme ayant été enlevés pendant la suspension d'armes et par surprise. Il est inutile de répéter qu'après ce qui s'était passé entre Dupont et La Pena, qui, arrivé sur les derrières de la division Barbou et pouvant la détruire, s'était cependant arrêté par égard pour une convention qui lui était étrangère, l'honneur français était positivement engagé dans cette question. D'ailleurs, il ne s'agissait que d'un millier d'Espagnols, ce qui, dans la position des deux armées, était peu important, tandis qu'un refus eût peut-être fait manquer la négociation qui venait de s'ouvrir et entraîné les plus graves conséquences.

Cependant, afin de ne pas négliger les soins que la prévoyance lui commandait, Dupont fit dire en même temps à Vedel de se tenir prêt à opérer sa retraite, voulant à tout événement mettre ses divisions à l'abri de ce qu'un ennemi si supérieur en force pourrait tenter contre elles.

Dans cette même journée du 20, Vedel envoya auprès de Dupont le capitaine de frégate Baste, pour s'entretenir avec lui des moyens qu'il pourrait avoir de rompre la trêve et d'attaquer l'ennemi, sans toutefois lui faire de proposition formelle à cet égard. Le général en chef lui fit répondre par M. de Choiseul, un de ses aides de camp, que, vu l'état de ses troupes, il lui était malheureusement impossible de recourir à ce moyen, et qu'il lui ordonnait d'effectuer sa marche sur la Sierra-Morena, en dérobant son mouvement (1).

____

(1) Si le général Vedel avait la certitude de dégager Dupont, pourquoi n'a-t-il pas, sans le consulter, engagé une action décisive? Le général en chef ne voyait pas la possibilité du succès et ne pouvait pas, par conséquent, tenter un coup désespéré. Mais si Vedel voyait cette possibilité, ne devait-il pas agir sans l'ordre de Dupont, dont il connaissait parfaitement la position? Ne devait-il pas lui suffire d'entrevoir le succès pour prendre son parti avec audace? *(Note de l'auteur.)*

Mais Vedel, ne comprenant pas bien cet ordre, se mit en route de suite. Dupont, en ayant été instruit, lui fit dire par M. Knif, l'un de ses aides de camp, de s'arrêter, et de ne se retirer qu'à la nuit, afin de masquer aux ennemis la marche de ses troupes (1).

Vedel, en quittant Baylen, y laissa donc dans cette intention un escadron de dragons et quatre compagnies de voltigeurs, dont la présence devait tromper les Espagnols, et il partit à l'entrée de la nuit avec le surplus de sa division.

Revenons à la négociation.

Lorsque, sur l'avis du conseil de guerre, Dupont se décida à traiter, il était impossible, dans la position où était l'armée, de donner aux négociateurs des instructions formelles, et de leur prescrire un *sine quâ non*. Il était nécessaire qu'ils eussent carte blanche, car il fallait qu'ils traitassent à tout prix, sauf à celui de l'honneur, pour les divisions Barbou et Frésia. C'était à eux à juger leur terrain, que l'on ne pouvait connaître à l'avance, et à en tirer parti pour obtenir les meilleures conditions possibles. On conçoit donc comment Dupont, qui avait toute confiance en eux, et dont le noble caractère ne pensa jamais à s'assurer des portes de

______

(1) Les détails dans lesquels nous venons d'entrer répondent aux reproches qui ont été adressés au général Dupont, d'avoir donné, dans la journée du 20, des ordres contradictoires. *(Note de l'auteur.)*

derrière, et à rejeter la responsabilité sur ses généraux, ne remit point au général Chabert d'instructions écrites. Cependant, il lui recommanda de la manière la plus expresse de tout faire pour éviter que le corps de Vedel fût compris dans le traité, dans le cas où il serait stipulé autre chose que l'évacuation de l'Andalousie, et le retour du corps d'armée entier sur Madrid, par la Sierra-Morena.

Mais il ne fut pas possible aux négociateurs de traiter sur ces bases. Elles avaient cependant d'abord été admises par Castanos. Toutes les relations l'affirment; le duc de Rovigo, dans ses *Mémoires*, va même (ce qui est faux) jusqu'à prétendre que la convention avait été déjà signée, lorsque tout à coup un événement fatal et impossible à prévoir vint ajouter encore à la gravité de cette situation.

Les Espagnols s'étaient en effet emparés de M. de Fénelon, officier d'état-major, qui apportait à Dupont une dépêche de Madrid, expédiée le 18, par le duc de Rovigo, commandant général. Dans cette dépêche, Savary *ordonnait impérativement à Dupont de repasser la Sierra-Morena avec ses trois divisions, et de se mettre au plus vite en communication avec Madrid* (1), manifestant

(1) Ce sont les propres expressions des *Mémoires du duc de Rovigo*. On doit donc le croire, bien que, sous beaucoup d'autres rapports, sa relation des événements de Baylen soit remplie d'erreurs et d'absurdités.

« M. de Castanos ayant lu cette dépêche, ajoute le duc de « Rovigo, appela successivement dans une pièce voisine les

des craintes sur la position de Bessières, et annonçant que ce général revenait avec les débris de son armée.

Ces renseignements augmentèrent naturellement les prétentions de Castanos et lui donnèrent une obstination invincible. Il renouvela donc sa première demande, c'est-à-dire que les divisions Barbou et Frésia se rendissent à discrétion. On ne doit pas s'en étonner, car si dans la situation des choses, il eût consenti à accorder d'autres conditions à des troupes qu'il tenait entre ses mains et dont chaque moment lui révélait l'état de plus en plus critique, il eût mérité d'être accusé par ses concitoyens de folie, de lâcheté ou de trahison.

Les négociateurs français repoussèrent cette proposition avec indignation, et il en résulta une discussion des plus violentes. Les chefs espagnols, et principalement le comte de Tilly, représentant la junte de Séville, homme très-emporté, adressèrent des récriminations sans fin au général Cha-

« plénipotentiaires du général Dupont, et leur ayant fait lire la
« lettre que j'écrivais au général, il leur dit : Messieurs, je ve-
« nais de vous accorder le retour à Madrid, par la Sierra-Mo-
« rena, pour vous et les troupes sous vos ordres ; je suis bien
« fâché du contre-temps qui survient, mais voilà une lettre de
« votre général en chef, qui ordonne au général Dupont de re-
« venir à Madrid, et je dois m'y opposer ; en conséquence, je
« change de résolution, et nous allons parler d'autres arrange-
« ments..... Par suite de cet incident, ils entrèrent dans une
« nouvelle négociation, en annulant la première capitulation. »

(Note de l'auteur.)

bert sur l'entrée des troupes françaises en Espagne, sur la conduite des autorités françaises à Madrid, sur les désordres qui avaient eu lieu lors de la prise de Cordoue, pendant lesquels des vases sacrés avaient, disaient-ils, été enlevés de la cathédrale. Enfin, Castanos proposa de consentir à ce que les divisions de Dupont évacuassent l'Andalousie par mer, mais à condition que les troupes de Vedel fussent comprises dans le traité.

Ce fut donc sur ces bases nouvelles que la discussion s'établit.

Elles étaient tout à fait contraires aux instructions que Dupont avait données au général Chabert, à son départ, et qu'il lui avait renouvelées dans la journée du 20. En effet, inquiet de ne pas recevoir de nouvelles des négociations qui avaient lieu à la maison de poste, le général en chef avait envoyé l'aide de camp Warenghien et le capitaine de frégate Baste auprès de Chabert, pour apprendre ce qui se passait, lui recommander la plus grande fermeté, lui rappeler qu'il ne devait traiter que pour les divisions Barbou et Frésia seulement, et que la division Vedel devait être, en tout cas, considérée comme en dehors de la négociation, à moins que toutes les troupes n'obtinssent leur libre passage sur Madrid. Mais au point où en était parvenue la discussion, Chabert et Marescot en jugèrent autrement. Ils considérèrent que si l'on se bornait à traiter pour les divisions Barbou et Frésia, et à les constituer, purement et simplement, prisonnières de guerre, la

moitié du corps d'armée serait ainsi irrévocablement perdue pour la France, tandis que d'un autre
côté rien n'était plus problématique que le retour
du corps de Vedel sur Madrid, puisqu'il serait
poursuivi par une armée victorieuse, infiniment
supérieure en nombre, à travers la Sierra-Morena,
où il manquerait de vivres, et dont il était exposé
à trouver les gorges coupées. Ils pensèrent donc
qu'au lieu de sacrifier la moitié de l'armée dans
un espoir aussi incertain de sauver l'autre, il va-
lait mieux accepter une proposition qui conservait
à la France et devait rendre à l'activité, dans l'espace de quelques semaines, l'intégralité de l'armée
de Dupont.

Voici le texte de la convention qui fut définitivement dressée. Cette pièce est tellement importante que nous la donnerons en son entier :

« Leurs Excellences MM. le comte de Casa Tilly
« et le général don Francisco Xavier Castanos,
« commandant en chef l'armée d'Espagne en An-
« dalousie, voulant donner une preuve de leur
« haute estime à Son Excellence M. le général
« comte Dupont, grand aigle de la Légion d'hon-
« neur, commandant en chef le corps d'observation
« de la Gironde, ainsi qu'à l'armée sous ses ordres,
« pour la belle et glorieuse défense qu'ils ont faite
« contre une armée infiniment supérieure en nom-
« bre, et qui les enveloppait de toutes parts ; sur
« la demande de M. le général de brigade Chabert,

« commandant de la Légion d'honneur, et chargé
« des pleins pouvoirs de Son Excellence le général
« en chef de l'armée française, en présence de Son
« Excellence M. le général comte Marescot, grand
« aigle de la Légion d'honneur et premier inspec-
« teur du génie, ont arrêté les conventions sui-
« vantes :

« Article 1er Les troupes françaises sous les
« ordres de Son Excellence M. le général Dupont
« sont prisonnières de guerre, la division Vedel,
« et les autres troupes françaises en Andalousie,
« exceptées.

« Art. 2. La division de M. le général Vedel,
« et généralement toutes les troupes françaises en
« Andalousie, qui ne sont pas dans la position de
« celles comprises dans l'article 1er, évacueront
« l'Andalousie.

« Art. 3. Les troupes comprises dans l'article 2
« conserveront généralement tous leurs bagages,
« et, pour éviter tout sujet de trouble pendant
« la marche, elles remettront leur artillerie, train
« et autres armes, à l'armée espagnole, qui s'en-
« gage à les leur rendre au moment de leur embar-
« quement.

« Art. 4. Les troupes comprises dans l'article 1er
« du traité sortiront de leur camp avec les hon-
« neurs de la guerre ; chaque bataillon ayant

« deux canons en tête; les soldats armés de leurs
« fusils, qui seront déposés à quatre cents toises
« du camp.

« ART. 5. Les troupes de M. le général Vedel
« et autres, ne devant pas déposer les armes, les
« placeront en faisceaux sur le front de bandière;
« elles y laisseront aussi leur artillerie et leur train.
« Il en sera dressé procès-verbal par des officiers
« des deux armées, et le tout leur sera remis ainsi
« qu'il est convenu dans l'article 3.

« ART. 6. Toutes les troupes françaises en An-
« dalousie se rendront à San-Lucar et à Rota, par
« journées d'étape, qui ne pourront excéder qua-
« tre lieues de poste, avec les séjours nécessaires,
« pour y être embarquées sur des vaisseaux ayant
« équipage espagnol, et transportées en France
« au port de Rochefort.

« ART. 7. Les troupes françaises seront embar-
« quées aussitôt après leur arrivée. L'armée espa-
« gnole assure leur traversée contre toute agres-
« sion hostile.

« ART. 8. MM. les officiers généraux, supérieurs
« et autres, conserveront leurs armes, et les sol-
« dats leurs sacs.

« ART. 9. Les logements, vivres et fourrages,
« pendant la marche et la traversée, seront fournis

« à MM. les officiers généraux et autres y ayant
« droit, ainsi qu'à la troupe, dans la proportion de
« leur grade, et sur le pied des troupes espagnoles
« en temps de guerre.

« ART. 10. Les chevaux de MM. les officiers gé-
« néraux, supérieurs et d'état-major, dans la pro-
« portion de leur garde, seront transportés en
« France, et nourris sur le pied de guerre.

« ART. 11. MM. les officiers généraux conserve-
« ront chacun une voiture et un fourgon ; MM. les
« officiers supérieurs et d'état-major, une voiture
« seulement, sans être soumis à aucun examen,
« *mais sans contrevenir aux ordonnances et aux*
« *lois du royaume* (1).

« ART. 12 : Sont exceptées de l'article précé-
« dent les voitures prises en Andalousie, dont
« l'examen sera fait par M. le général Chabert.

« ART. 13. Pour éviter la difficulté d'embarquer
« les chevaux des corps de cavalerie et d'artillerie,

(1) Les divers textes de la Capitulation de Baylen, qui ont
été publiés, présentent quelques légères différences sans importance, et nous n'en connaissons pas d'officiels en français.
Les mots que nous soulignons se trouvent dans celui rapporté
dans l'histoire du comte de Toréno ; cette version expliquerait
comment les équipages de l'état-major furent visités par les
douanes espagnoles, au port Sainte-Marie ; mais rien n'en ga-
rantit l'exactitude.   (*Note de l'auteur.*)

« compris dans l'article 2, lesdits chevaux seront
« laissés en Espagne, et seront payés, d'après
« l'estimation de deux commissaires français et
« espagnol, et acquittés par le gouvernement es-
« pagnol.

« Art. 14. Les blessés et malades de l'armée
« française, laissés dans les hôpitaux, seront traités
« avec le plus grand soin, et seront transportés
« en France sous bonne et sûre escorte, aussitôt
« après leur guérison.

« Art. 15. Comme, en diverses rencontres et
« particulièrement à la prise de Cordoue, plu-
« sieurs soldats, au mépris des ordres des géné-
« raux et malgré les efforts des officiers, se sont
« portés à des excès qui sont inévitables dans
« les villes qui opposent encore de la résistance
« au moment d'être prises, MM. les généraux et
« autres officiers prendront les mesures néces-
« saires pour retrouver les vases sacrés qu'on
« pourrait avoir enlevés, et les restituer, *s'ils*
« *existent* (1).

(1) Il y a des variantes dans la rédaction de cet article; d'autres textes de la Capitulation portent *à l'assaut de Cordoue*, et
plus loin, *dans les villes prises d'assaut.*
Cette clause fut insérée plutôt par un motif politique que
pour les vases sacrés en eux-mêmes; le traité devant être publié, on espérait que la population rendrait justice à la bonne
foi des Français et à leur respect pour la religion. Castanos en
même temps se mettait à couvert de la vindicte de ses supersti-

« Art. 16. Tous les employés civils, attachés à
« l'armée française, ne sont pas considérés comme
« prisonniers de guerre; ils jouiront cependant,
« pour leur transport en France, de tous les avan-
« tages de la troupe, dans la proportion de leur
« emploi.

« Art. 17. Les troupes françaises commenceront
« à évacuer l'Andalousie le 23 juillet, à quatre heu-
« res du matin. Pour éviter la grande chaleur, la
« marche des troupes s'effectuera de nuit, et se con-
« formera aux journées d'étape qui seront réglées
« par MM. les officiers d'état-major français et es-
« pagnols, en évitant le passage des villes de Cor-
« doue et de Séville (1).

« Art. 18. Les troupes françaises, pendant leur
« marche, seront escortées par la troupe de ligne
« espagnole, à raison de trois cents hommes d'es-
« corte par colonne de trois mille hommes, et
« MM. les officiers généraux seront escortés par
« des détachements de cavalerie et d'infanterie de
« ligne.

tieux concitoyens. Ce fut le général Marescot qui rédigea cet
article pour ôter aux Espagnols tout prétexte de ne pas conclure une capitulation avantageuse. Les Espagnols voulaient
procéder eux-mêmes à la visite; il fit décider que ces objets seraient rendus par les Français. Au surplus, l'article est condi-
tionnel.

(1) Le texte de la Capitulation, rapporté par le comte de
Toréno, porte Jaën au lieu de Séville. (*Notes de l'auteur.*)

« ART. 19. Les troupes, dans leur marche, seront
« toujours précédées par des commissaires fran-
« çais et espagnols, qui devront assurer les loge-
« ments et les vivres nécessaires, d'après les états
« qui leur seront remis.

« ART. 20. La présente capitulation sera portée
« de suite à Son Excellence M. le duc de Rovigo,
« commandant en chef les troupes françaises en
« Espagne, par un officier français qui devra être
« escorté par des troupes de ligne espagnoles.

« ART. 21. Il est convenu par les deux armées
« qu'il sera ajouté, comme articles supplémentai-
« res, à la capitulation, ce qui peut avoir été omis
« et ce qui pourrait encore augmenter le bien-
« être des troupes françaises pendant leur séjour
« en Espagne, et pendant la traversée. »

(Signatures.)

Articles supplémentaires.

« ART. 1. Il sera fourni deux charrettes par ba-
« taillon, pour servir au transport des effets de
« MM. les officiers.

« ART. 2. MM. les officiers de cavalerie de la
« division de M. le général Dupont conserveront
« leurs chevaux, pendant la route seulement, et

« les laisseront à Rota, lors de l'embarquement, à
« un commissaire espagnol qui sera chargé de les
« recevoir. La gendarmerie formant l'escorte de
« S. E. le général en chef jouira de la même
« faveur.

« ART. 3. Les malades qui sont dans la province
« de la Manche, ainsi que ceux qui pourraient se
« trouver en Andalousie, seront conduits dans les
« hôpitaux d'Andujar ou autres qui paraîtraient
« plus convenables. Les convalescents les accom-
« pagneront; ils seront, au fur et à mesure de
« leur guérison, conduits à Rota, où ils seront
« embarqués pour être transportés en France,
« sous la même garantie mentionnée dans l'arti-
« cle 7 de la capitulation.

« ART. 4. Leurs Excellences M. le comte de
« Tilly et M. le général Castanos, commandant
« en chef l'armée espagnole en Andalousie, pro-
« mettent d'intercéder de leurs bons offices, pour
« que M. le général Excelmans, M. le colonel
« Lagrange, et M. le lieutenant-colonel Rosetti,
« prisonniers de guerre à Valence, soient mis
« en liberté et transportés en France, sous la
« même garantie mentionnée en l'article précé-
« dent.

« Fait à Andujar, le 22 juillet 1808.

« Signé : le comte de Tilly; le général Castanos,
« commandant en chef l'armée d'Espagne en An-

« dalousie; le général Marescot, témoin; et le gé-
« néral Chabert, chargé des pleins pouvoirs du
« général en chef. »

C'est bien inexactement que l'on donna à ce
traité le nom de Capitulation, quoique ce mot y
soit inséré en toutes lettres; ce n'était réellement
qu'une Convention analogue à celle que souscrivit
Junot, duc d'Abrantès, à Cintra, en Portugal, le
3o août de la même année (1).

Le 21 au matin, des officiers revenus d'Andujar
firent connaître à Dupont les bases du nouveau
traité, et ce fut alors seulement qu'il apprit la nécessité où s'était trouvé le général Chabert de
comprendre le corps du général Vedel dans la
capitulation; Dupont, que le silence de son fondé
de pouvoirs avait jeté dans de vives inquiétudes,
fut extrêmement mécontent d'apprendre qu'il eût

(1) « Je ne fais nul doute, dit le duc de Rovigo dans ses
« *Mémoires*, première édition, page 4o5, que, si le général Du-
« pont avait eu ses trois divisions rassemblées, comme il pou-
« vait et aurait dû les avoir sans les fautes de ses généraux;
« je ne fais nul doute, dis-je, que, *malgré son état maladif*, le
« général Dupont aurait malmené Castanos et Reding; mais
« dans la malheureuse position où l'avait mise l'ineptie de ceux
« qui exécutaient sous lui, il ne pouvait guère faire mieux que
« de chercher à traiter. »

Malgré ce qu'affirme le duc de Rovigo de l'*état maladif du
général en chef*, une des nombreuses absurdités dont fourmil-
lent ses *Mémoires*, nous avons cru devoir rapporter textuel-
lement ce passage, qui est tout à l'avantage de Dupont.

(Note de l'auteur.)

ainsi dépassé ses instructions; mais que pouvait-il faire à ce moment?

Tous ces retards prolongés avaient aggravé la position des soldats. Ces malheureux étaient entassés, au nombre d'environ sept mille hommes, au milieu des fourgons, des voitures de bagages et d'ambulance et de la foule des chevaux de trait, sur un espace de douze cents toises carrées, infecté par l'odeur des cadavres d'hommes et de chevaux en dissolution qu'on ne pouvait enterrer dans la terre durcie par la sécheresse. L'armée espagnole, augmentée de la foule des paysans accourus au bruit de la victoire, s'était grossie autour d'eux et les resserrait toujours davantage, de manière qu'ils ne pouvaient plus se mouvoir, ni en avant ni en arrière. Les divisions ennemies postées devant Baylen les empêchaient de puiser de l'eau à la seule fontaine qu'il y eût sur le terrain, et ils étaient obligés, pour boire, de descendre dans le vallon du Rumblar, sous la fusillade de nombreux paysans que l'on ne pouvait arrêter, et d'assouvir leur soif dans l'eau de ce ruisseau infectée par la chair corrompue des cadavres qu'on y avait jetés. Hommes et chevaux tombaient d'inanition; car, depuis le 18 au soir, le soldat, ainsi que nous l'avons déjà dit, n'avait eu aucune distribution régulière, et quoique en accordant la suspension d'armes Reding et Castanos se fussent engagés à nourrir les troupes françaises, elles ne reçurent qu'une seule fois une faible provision de biscuit et de légumes. Exténués de besoin et accablés par une chaleur dévorante, ces infortunés étaient étendus dans les bois d'oliviers, reposant leurs têtes sur les corps des Espagnols et des Français qui gisaient en grand nombre et auxquels on n'avait pu donner la sépulture.

Le soleil dardait d'aplomb sur cette scène épouvantable; la chaleur était si grande, dit le général Foy, que le feu prenait aux herbes sèches, et que l'on était obligé à chaque instant de déplacer les caissons d'artillerie, afin de prévenir les accidents.

Ajoutons à cela, que les jeunes troupes de Dupont étaient complétement démoralisées par leur position, qu'il leur était impossible de ne pas comprendre en présence de la trêve et des négociations qui avaient lieu. On pouvait donc moins que jamais, dans cet état de choses, compter sur aucun effort de leur part.

D'un autre côté, l'éloignement de la division Vedel, dont Dupont se félicitait, puisqu'il la croyait sauvée, lui ôtait tout appui pour recommencer une discussion et revenir sur les conventions arrêtées.

Le général en chef dut donc se résigner à laisser la négociation continuer sur les bases définitivement adoptées; il espérait d'ailleurs que les stipulations relatives au corps de Vedel seraient illusoires, puisque ce général, parti la veille au soir, devait être déjà assez loin pour pouvoir agir avec indépendance.

Mais bientôt Reding s'aperçut de la retraite de Vedel, et envoya sans retard auprès du général en chef, pour se plaindre de cette infraction au traité. N'ayant aucun moyen de s'y opposer, il déclara à Dupont que, si le corps de Vedel ne venait pas exécuter les conditions de la convention alors définitivement arrêtée, bien qu'elle ne fût pas signée, et dans laquelle Vedel était compris, lui, Reding, se considérerait comme délié, et n'exécuterait point cette même convention en ce qui concernait la division Barbou, qu'il traiterait avec toute la sévérité des représailles et passerait au fil de l'épée.

Le général en chef répondit avec fermeté et temporisa le plus possible, afin de donner de l'avance à son lieutenant ; mais, pressé par les réclamations de plus en plus vives des chefs ennemis, pensant d'ailleurs que Vedel, qui devait avoir fait une longue marche, serait assez éloigné pour résister à des ordres écrits, Dupont envoya au général Vedel l'adjudant commandant Martial Thomas, avec la lettre suivante du général Legendre :

« Au camp sous Baylen, le 21 juillet 1808.

« Général,

« Je vous préviens que votre division se trouve
« comprise dans le traité que nous venons de faire
« avec le général en chef de l'armée espagnole (1).

(1) On a prétendu que Dupont avait trompé Vedel, parce qu'au moment où il faisait écrire cette lettre la capitulation n'était pas signée. C'est là une véritable *chicane de barreau*. La capitulation n'était pas signée, il est vrai, mais les principales

« En conséquence, veuillez ne pas rétrograder, et
« rester là où la présente vous trouvera, en atten-
« dant que je puisse vous envoyer copie du traité.

« J'ai l'honneur de vous saluer,

« Le général chef d'état-major général,

« LEGENDRE. »

Peu de temps après le départ de la lettre de Legendre, Reding réfléchit que peut-être Vedel n'o-
béirait qu'à un ordre signé par le général en chef
lui-même, et il exigea que Dupont satisfît à cette
demande. Dupont établit alors un nouveau débat
sur cette prétention, dans l'intention de donner
toujours plus d'avance aux troupes de Vedel. Toutefois, ne pouvant résister plus longtemps aux vio-
lences des officiers espagnols qui le menaçaient de
massacrer la division Barbou, il consentit enfin à
tracer de sa main la lettre suivante :

conditions en étaient arrêtées entre des négociateurs munis de
pleins pouvoirs, et, par conséquent, elles devaient être considérées comme obligatoires pour la *loyauté militaire*. La rédaction entière du traité ne fut terminée et il ne fut signé que le
soir du même jour 21, et les articles additionnels n'y furent
ajoutés et signés aussi que le lendemain 22, à Andujar. Cela
explique comment la capitulation est datée du 22 juillet, et de
cette dernière ville, bien que les vingt et un articles qui en
forment le texte aient été adoptés et signés le 21 à la maison
de poste.   (*Note de l'auteur.*)

« Au camp sous Baylen, le 21 juillet 1808.

« Général,

« Votre division est comprise dans le traité qui
« a eu lieu avec le général en chef de l'armée espa-
« gnole. Je vous ai envoyé ce matin l'ordre de vous
« arrêter avec vos troupes. Je vous renouvelle cet
« ordre, afin que vous vous arrêtiez là où il vous
« trouvera.

« Le général Dupont. »

Dupont pensait que le laconisme de ces lignes
et les détails fournis d'ailleurs par l'officier qui serait chargé de les transmettre, feraient comprendre
au général Vedel qu'il devait prendre conseil de
lui-même, et se conformer aux premiers ordres de
retraite, et non point à ceux arrachés par une
cruelle nécessité, s'il croyait pouvoir opérer son
retour par la Sierra-Morena.

Mais la lettre si peu impérative du général Legendre avait suffi pour arrêter Vedel, dont les
troupes, après avoir marché toute la nuit, étaient
arrivées à Sainte-Hélène le 21, à midi; dès avant
l'arrivée du général Privé et du commandant Baste,
qui étaient chargés de l'ordre de Dupont, Vedel
avait envoyé le général Cassagne porter son ac-
quiescement à tout ce que ferait le général en
chef (1).

(1) Ces faits, qui ont été contestés, résultent d'une manière

En conséquence, au lieu de continuer sa marche, il donna l'ordre à ses troupes de rester dans leur position, et le lendemain 22, il revint à Guarraman.

On ne peut s'empêcher de remarquer ici quelle fatalité a présidé à toute la conduite du général Vedel, à Mengibar, à Baylen, à la Caroline et à Guarraman. Lorsqu'il devait se conformer aux instructions de son chef, il a pris sur lui de ne point le faire; et lorsque, dans cette dernière circonstance, il pouvait et devait se considérer comme affranchi de l'obéissance militaire due à un général en chef, dont il connaissait parfaitement la position, et qu'il savait n'être plus libre de ses mouvements ni de sa volonté, il s'est soumis aveuglé-

positive du journal du général Privé et de l'interrogatoire de l'adjudant commandant Martial Thomas.

On a allégué que le général Vedel ne s'était déterminé à obéir aux ordres de Dupont que d'après l'avis d'un conseil de guerre, dans lequel vingt officiers sur vingt-trois auraient opiné pour l'obéissance aux ordres du général en chef. Cela peut être vrai, mais comment alors Vedel n'en a-t-il parlé, ni dans son interrogatoire, ni dans la brochure qu'il a publiée lui-même en 1823?

On a prétendu aussi que ce général avait été tenu dans l'ignorance la plus entière de la substance du traité. Comment admettre que l'adjudant commandant Martial Thomas, le général Privé, et surtout le commandant Baste, qui avait été envoyé par Dupont auprès des négociateurs, n'aient pas fait connaître à Vedel les principales conditions de la capitulation?   (*Note de l'auteur.*)

13.

ment et a rendu son corps tout entier victime de l'obéissance passive (1).

Il est vrai de dire que la position de Vedel était très-difficile; car, d'une part, s'il eût refusé d'obéir, il se serait rendu responsable des suites affreuses qu'aurait pu entraîner, pour le corps de Dupont, la violation de la capitulation; de l'autre, il n'était rien moins que certain de la possibilité d'opérer son retour sur Madrid, parce qu'il était fort à craindre qu'il n'eût trouvé la route coupée, tandis qu'il aurait été vivement poursuivi par Castanos, et surtout parce que ses divisions auraient manqué de vivres de la manière la plus absolue. Sous ces différents rapports, le parti qu'a pris le général Vedel peut se comprendre et peut-être s'excuser; mais il ne saurait être admis à séparer entièrement sa cause de celle du général Dupont. Il est évident que s'il a soumis ses divisions à la capitulation, c'est qu'il l'a bien voulu, et qu'il l'a jugé lui-même plus avantageux à l'armée, et particulièrement

---

(1) Tous les chefs de corps de la division Vedel ne se soumirent pas à cet ordre sans résistance. L'un d'entre eux particulièrement, le colonel Christophe, du treizième régiment provisoire de cuirassiers, fit monter son régiment à cheval, et, malgré les ordres du général Vedel, qui le menaçait de le faire passer devant un conseil de guerre s'il n'obéissait pas, il avait pris la route de Madrid. Il fut arrêté toutefois par le général Lagrange et les autres généraux qui coururent après lui et lui représentèrent que le départ de son corps pourrait être cause de la perte du général Dupont et de la division Barbou.

(Note de l'auteur.)

pour son corps. D'ailleurs, pas plus que Dupont, il ne pouvait s'attendre à ce que les Espagnols violassent le traité avec la plus infâme perfidie.

Le 21 au soir, le général Chabert vint rendre compte au général en chef de la convention qui venait d'être définitivement conclue, ainsi que des circonstances qui l'avaient empêché d'obtenir la retraite sur Madrid. Il lui représenta la nécessité où il s'était trouvé d'adopter les conditions de ce traité, qui portait en substance, ainsi que nous l'avons vu, que le corps d'armée de Dupont, tout entier, évacuerait l'Andalousie, et serait transporté immédiatement en France sur des bâtiments espagnols; que les divisions Barbou et Frésia seraient considérées comme prisonnières de guerre, seulement jusqu'à leur embarquement, et que la division de Vedel retournerait en France avec ses armes, son artillerie et ses bagages, qui lui seraient remis au moment de quitter l'Espagne.

Cette convention n'était certainement pas celle que Dupont attendait; mais dans la situation où il se trouvait alors, il considéra la faculté qu'auraient les troupes françaises de rentrer en campagne sous très-peu de temps, l'impossibilité de recommencer le combat, la justice rendue à son corps d'armée, dont le courage avait assuré son honneur; et la même nécessité qui avait déterminé le général Chabert, chargé de la négociation, le contraignit à en adopter le résultat.

Le 23, les troupes des divisions Barbou et Frésia

se constituèrent prisonnières, au nombre d'environ sept mille hommes.

Le 24, Vedel et Dufour, dont les divisions comptaient environ neuf mille hommes (1), remirent leur artillerie et leurs fusils à des commissaires espagnols, sur inventaire, pour leur être rendus au moment de l'embarquement.

La nouvelle des sinistres événements de Baylen et le traité conclu avec les troupes espagnoles devaient être portés à Madrid par un officier parlementaire. Le capitaine de Villoutreys, écuyer de l'Empereur, fut choisi pour remplir cette mission, et, attaché à la maison de Napoléon, il devait ensuite se rendre en France pour donner au souverain tous les détails de l'affaire. Le général Dupont instruisit le duc de Rovigo de cette convention et des événements qui l'avaient amenée. Voici cette lettre, qui fut confiée à M. de Villoutreys.

« Au camp devant Baylen, le 21 juillet 1808.

« *A S. Ex. monsieur le duc de Rovigo.*

« Monsieur le général en chef,

« Je vous ai annoncé hier le résultat malheureux de l'affaire du 19. Entouré par 45,000 hommes,

(1) C'est après avoir comparé les différentes relations publiées ou inédites, que nous nous sommes arrêté à ces chiffres qui nous paraissent les plus probables, et sur lesquels plane toujours, du reste, assez d'incertitude. (*Note de l'auteur.*)

j'ai été forcé, après le plus violent combat, de traiter avec l'ennemi pour conserver à Sa Majesté un corps d'armée qui aurait péri tout entier dans ces montagnes où il est enveloppé. Les généraux Marescot et Chabert ont négocié avec les généraux ennemis. Il a été convenu que la première division serait prisonnière de guerre, et conduite en France par mer, et que les troupes du général Vedel seraient également conduites en France, mais qu'elles ne sont point prisonnières de guerre. Ces troupes se trouvent en arrière de Baylen, et n'ayant pu prendre part au combat, il a été fait cette distinction pour elles. Je n'ai pu obtenir de me retirer sur Madrid : il a fallu céder à la nécessité.

« Je vous conjure de rassembler sur-le-champ tout ce qui agit isolément, afin de former une armée en état de couvrir Madrid. L'ennemi a 40 à 45,000 hommes, parmi lesquels il y a beaucoup de troupes de ligne. Rappelez de tous les points les troupes disséminées. *L'événement a malheureusement justifié mes craintes. Je n'ai cessé de demander des renforts pour avoir un corps en état d'agir offensivement.* Je me suis battu avec acharnement, et j'ai fait tous mes efforts pour gagner Madrid. J'aurais perdu dans une nouvelle affaire le reste de la troupe sans réussir, et le soldat n'est plus en état de se battre.

« J'espère, dans mon malheur, que Sa Majesté rendra justice à mon dévouement. Je ne l'ai jamais mieux montré que dans cette affaire, et j'ai le témoignage de toutes les troupes. *J'ai répété*

vingt fois que la position d'Andujar était dange-
reuse, et que le midi de l'Espagne demandait la
principale attention. Je suis accablé de ma situation; mais l'honneur a été sauvé par la manière
dont je me suis battu, et je conserve à Sa Majesté
des troupes qui la serviront ailleurs.

« Les ennemis ont fait un traité avec les Anglais,
et le transport des troupes par mer est assuré.
Elles s'embarqueront à Rota : voilà ce que me fait
dire le général Marescot, qui est encore en ce moment avec le général ennemi.

« J'ai l'honneur d'être, de Votre Excellence, le
très-humble serviteur.

« Le général Dupont. »

Les troupes françaises, après leur reddition,
commencèrent leur marche vers le rivage mari-
time, de nuit et à petites journées.

Pendant toute la route, les malheureux prisonniers furent accablés d'outrages par les paysans
qui accouraient de plusieurs lieues à la ronde sur
leur passage. En vain Castanos adressa des pro-
clamations de paix à ses concitoyens; les soldats
espagnols de l'escorte furent souvent impuissants
pour contenir les habitants, et cette marche douloureuse fut sillonnée de cadavres. Cependant, afin
d'empêcher le sang de couler, les colonnes françaises ne passèrent pas dans les villes. A Bujalance,
le premier convoi manqua d'être massacré par
douze cents hommes de milice, qui s'étaient con-

certés avec les habitants; mais le complot fut déjoué par Dupont, qui, averti à temps, obtint que ses soldats bivouaqueraient dans la plaine. Le 26, on coucha à Castro del Rio, le 27 à la Rumbla, et le 28 à Ecija, où les habitants attendaient, formant une double haie sur le seul pont où l'on devait passer. Les prisonniers se trouvèrent alors en butte à toutes sortes d'invectives, même de la part des femmes dont l'extérieur annonçait un rang élevé, et qui, n'osant les frapper, leur crachaient au visage; malgré les précautions qui furent prises, plusieurs soldats furent assassinés à coups de stylet.

Le 29, on coucha à Fuentes, le 30 à Aranhal, le 31 à Utrera, le 1er août à Caberas, et le 2 août on arriva à Librija, où l'on bivouaqua jusqu'au 12 du même mois.

Dupont ne cessait cependant de s'occuper des détails relatifs à l'exécution du traité et à l'embarquement des troupes. Castanos s'était engagé à obtenir la garantie du gouvernement anglais pour le voyage par mer (1); mais craignant que cette

(1) Il y avait auprès du général en chef Castanos un officier chargé de représenter le gouvernement anglais, le capitaine Whittingham. Le plénipotentiaire français avait demandé qu'il intervînt au traité pour garantir l'assentiment de l'Angleterre au retour de l'armée de Dupont par mer; mais comme il n'avait pu le faire, faute de pouvoirs, les généraux espagnols s'étaient portés forts d'obtenir cette garantie de leurs alliés, et avaient à cet effet formellement engagé, ainsi que nous l'avons vu, l'honneur de l'armée espagnole. (*Note de l'auteur.*)

formalité n'entraînât trop de lenteur, le général en chef lui écrivit le jour même de son arrivée à Librija, et le lendemain il envoya auprès de lui, à Séville, le général Chabert et le capitaine de vaisseau Daugier, afin d'arrêter avec lui et les autorités compétentes les articles additionnels relatifs à l'exécution de la Convention d'Andujar. Ces deux officiers avaient ordre de demander la prompte garantie de l'amirauté anglaise et le débarquement sur les côtes de Provence ou du Languedoc; et, dans le cas où la garantie serait trop longue à obtenir, ils devaient insister pour qu'on accordât le passage immédiat par terre.

Après s'être abouchés avec Castanos et le comte de Tilly, les envoyés de Dupont furent présentés à la junte, qui, après en avoir délibéré, leur fit remettre les réponses suivantes aux demandes du général en chef Dupont :

Articles additionnels.

« ARTICLE 1er. On a déjà sollicité du roi d'An-
« gleterre et de l'amirauté anglaise des passe-ports
« pour la sûreté du passage des troupes françaises.

« ART. 2. L'embarquement s'effectuera sur des
« vaisseaux de l'escadre espagnole, ou sur tous au-
« tres bâtiments de transport qui seront nécessaires
« pour conduire le total des troupes françaises, au
« moins par division, à commencer par celle du

« général Dupont, et immédiatement après, celle
« du général Vedel.

« Art. 3. Le débarquement s'effectuera sur les
« côtes du Languedoc ou de Provence, ou bien au
« port de Lorient, selon que le voyage sera jugé
« plus commode et plus court.

« Art. 4. On embarquera des vivres pour un
« mois et plus, afin de prévenir tous les accidents
« de la navigation.

« Art. 5. Dans le cas qu'on n'obtînt pas de l'An-
« gleterre les passe-ports de sûreté qu'on a de-
« mandés, alors on traitera des moyens les plus
« propres pour le passage par terre.

« Art. 6. Chaque division des troupes françaises
« sera cantonnée sur différents points, dans un
« rayon de huit à dix lieues, en attendant que le
« susdit embarquement ait son effet.
« Ainsi fait à Séville, le 6 août 1808.

« *Signé*, Xavier Castanos. »

Castanos avait fait espérer en outre que les
troupes pourraient prendre la mer du 15 au 20
du mois d'août, et que l'on s'occuperait d'abord
de l'état-major de l'armée : tout faisait donc espérer
un prompt départ. Mais le 8, une lettre du capitaine général Thomas Morla, gouverneur de l'Andalousie, qui avait été chargé par la junte de Séville

de faire préparer les moyens d'embarquement, commença à faire concevoir au général en chef des craintes sur l'exécution du traité.

Le lendemain, Dupont ayant entre les mains les articles additionnels signés par Castanos, s'empressa d'en faire parvenir la nouvelle à Morla, et, lui reprochant le contenu de sa lettre, réclama la prompte exécution de la Convention. Il lui annonçait en même temps qu'il envoyait copie de sa correspondance à Castanos, et qu'il se plaignait vivement de sa conduite.

Voici la réponse que lui adressa le gouverneur de l'Andalousie. Nous donnerons cette pièce en son entier, nous proposant d'en tirer plus tard d'importantes conséquences :

« Cadix, le 10 août 1808.

« Monsieur le général Dupont,

« Je n'ai jamais eu ni de mauvaise foi, ni de
« fausse dissimulation : de là vient ce que j'écrivis
« à V. E., sous la date du 8, dicté, d'après mon
« caractère, par la plus grande candeur, et je suis
« fâché de me voir obligé par votre réponse en
« date d'hier, de répéter en abrégé ce que j'eus
« l'honneur de dire alors à V. E., et ce qui certaine-
« ment ne peut manquer de se vérifier.

« Ni la capitulation, ni l'approbation de la junte,
« ni un ordre exprès de notre souverain chéri, ne
« peuvent rendre possible ce qui ne l'est pas ; il

« n'y a point de bâtiments, ni de moyens de s'en
« procurer pour le transport de votre armée. Quelle
« plus grande preuve que celle de retenir ici très-
« dispendieusement les prisonniers de votre corps,
« pour n'avoir point de quoi les transporter sur
« d'autres points hors du continent?

« Lorsque le général Castanos promit d'obtenir
« des Anglais des passe-ports pour le passage de
« votre armée, il ne put s'obliger à autre chose
« qu'à les demander avec instance, et c'est ce qu'il
« a fait. Mais comment V. E. put-elle croire que la
« nation britannique accéderait à la laisser passer,
« certaine qu'elle allait lui faire la guerre sur un
« autre point, ou peut-être sur le même?

« *Je me persuade que ni le général Castanos, ni*
« *V. E. ne crurent que ladite capitulation pût être*
« *exécutée : le but du premier fut de sortir d'embar-*
« *ras, et celui de V. E. d'obtenir des conditions*
« *qui, quoique impossibles, honorassent sa reddition*
« *indispensable. Chacun de vous obtint ce qu'il dé-*
« *sirait, et maintenant il est nécessaire que la loi*
« *impérieuse de la nécessité commande.*

« Le caractère national ne permet d'en user
« avec les Français que d'après cette loi, et non
« d'après celle des représailles; V. E. m'oblige de
« lui exprimer des vérités qui doivent lui être
« amères. *Quel droit a-t-elle d'exiger l'exécution*
« *impossible d'une capitulation avec une armée qui*
« *est entrée en Espagne sous le voile de l'alliance*
« *intime et de l'union, qui a emprisonné notre roi*
« *et sa famille royale, saccagé ses palais, assas-*

« siné et volé ses sujets, détruit ses campagnes et
« arraché sa couronne ? Si V. E. ne veut s'attirer
« de plus en plus la juste indignation des peuples,
« que je travaille tant à réprimer, qu'elle cesse de
« semblables et d'aussi intolérables réclamations,
« et qu'elle cherche, par sa conduite et sa résigna-
« tion, à affaiblir la vive sensation des horreurs
« qu'elle a commises récemment à Cordoue. V. E.
« croit bien assurément que mon but, en lui fai-
« sant cet avertissement, n'a d'autre objet que son
« propre bien : le vulgaire irréfléchi ne pense qu'à
« payer le mal par le mal, sans apprécier les cir-
« constances, et je ne peux m'empêcher de rendre
« V. E. responsable des résultats funestes que peut
« entraîner sa répugnance à ce qui ne peut man-
« quer d'être.

« Les dispositions que j'ai données à D. Juan
« Creagh, et qui ont été communiquées à V. E.,
« sont les mêmes que celles de la junte suprême,
« et sont, en outre, indispensables dans les cir-
« constances actuelles : le retard de leur exécution
« alarme les peuples et attire des inconvénients :
« déjà ledit Creagh m'a fait part d'un accident
« qui me donne les plus grandes craintes. *Quel*
« *stimulant pour la populace, de savoir qu'un seul*
« *soldat était porteur de 2,180 livres tournois!*

« C'est tout ce que j'ai à répondre à la dépêche
« de V. E., et j'espère que celle-ci sera la dernière
« réponse relative à ces objets, demeurant, sur toute
« autre chose, dans le désir de lui être agréable,
« étant son affectionné et sincère serviteur,

« Morla. »

Cette lettre démasquait l'infâme complot que formait depuis quelques jours le parti le plus exalté de la junte de Séville pour violer la capitulation, et à la tête duquel étaient Morla et le comte de Tilly (1). Nous reviendrons du reste, plus tard, sur ce sujet important; nous nous bornons à faire remarquer, pour le moment, l'impudence avec laquelle, au moment même où, sur les réclamations de Dupont, Castanos, d'accord avec la junte de Séville, venait de garantir de nouveau l'exécution pleine et entière de la capitulation, et prévoyait même le retour de l'armée française par terre, si les Anglais refusaient leur garantie, Morla accusait à la fois Dupont et Castanos de s'être entendus par une lâche connivence pour consentir une capitulation impossible, et qu'ils n'avaient jamais crue eux-mêmes pouvoir être exécutée.

(1) L'extrait suivant de la *Gazette espagnole de Séville* du 9 août prouve également l'ardeur avec laquelle la presse préparait déjà la violation du traité, et en révèle les véritables motifs :

« Il est sérieusement question de ne point faire embarquer « les Français prisonniers, comme la capitulation le porte, à « cause des vols scandaleux du prétendu roi Joseph et de ses « affiliés, à Madrid. Castanos et Dupont étaient convenus que « les propriétés des habitants de Madrid seraient protégées. La « capitulation y a été portée, et l'armée française continue à « piller et à saccager les fonds publics.

« Ne serait-ce point une trahison envers le pays qu'après de « tels forfaits, on consentît à reconnaître un traité avec cette « canaille, dont les chefs se conduisent d'une manière aussi « scandaleuse ? »   (*Note de l'auteur.*)

Malheureusement, nous n'avons point les réponses du général Dupont.

Le 11, il prévint le général Privé, à Las Cabezas, qu'il se rendait à Sainte-Marie avec les autres généraux, que le quartier général restait à Librija, et qu'il le choisissait pour demeurer en Andalousie, afin de veiller au maintien du bon ordre et à l'exécution du traité, en ce qui concernait les troupes de la première division. En même temps, il écrivit à Vedel que les Espagnols voulant forcer les généraux à s'embarquer, il était important que l'un d'eux restât avec la seconde division.

Le lendemain, le général en chef partit pour le port Sainte-Marie, à la tête de son état-major, qui était extrêmement nombreux, tant en généraux qu'en officiers civils et militaires de tous grades, et dont quelques-uns avaient avec eux leurs familles. A leur arrivée, ils reçurent ordre de s'embarquer de suite, pour traverser la baie, et de laisser leurs effets à terre pour subir, en présence d'un de leurs délégués, la visite des inspecteurs des douanes.

Mais, depuis quelques jours, un mouvement populaire était préparé pour recevoir les Français et se porter contre eux aux plus grands excès.

A peine Dupont et quelques officiers, suivis par un attroupement considérable d'ignoble populace, qui menaçait de les massacrer et de les jeter à l'eau, eurent-ils mis le pied dans un canot, que ces bandits se ruèrent sur les équipages et les fourgons abandonnés à leur rapacité, et brisèrent, enfoncèrent et volèrent tout ce qui se trouva sous leur main ; de sorte que chaque individu appartenant à l'état-major perdit, ainsi que Dupont, tout ce qu'il possédait personnellement.

D'après les ordres de Morla, les généraux français, qui lui attribuaient avec raison la catastrophe survenue à Sainte-Marie, furent distribués, ainsi que les autres officiers supérieurs, sur les différents vaisseaux qui étaient en rade de Cadix, et les bâtiments français pris dans ce port, peu de jours auparavant, à l'amiral Rosily, leur servirent de lieu d'arrêt.

Le fâcheux incident de Sainte-Marie provoqua des réclamations très-vives de la part de Dupont, qui demanda la restitution des équipages qu'on avait enlevés à son état-major, et donna lieu, entre lui et Morla, à une correspondance des plus violentes.

La suite de cette correspondance nous manque. Nous le regrettons d'autant plus qu'elle achèverait de dévoiler, ainsi que nous le prouverons plus loin, la véritable origine des infâmes calomnies dont a été poursuivi ensuite le général Dupont, et qui ont été répétées après Morla, cet homme si arrogant et si fier alors, « et qui plus « tard, dit le comte de Toréno, aux premières dis- « grâces de sa patrie, la trahit lâchement et déserta « aux rangs ennemis. »

Dans ce conflit, la junte suprême de Séville con- sulta les généraux Morla et Castanos sur une af- faire si grave. Leurs avis furent diamétralement contraires. Le dernier soutenait avec justice le

fidèle accomplissement de la convention stipulée,
en opposition avec le premier, qui ne recherchait
que l'approbation et les applaudissements popu-
laires. Ce fut à l'avis de Morla, bien qu'injuste et
illicite, qu'adhéra la junte. Pour se justifier, elle
publia une apologie où elle prétendait prouver que
c'étaient les Français qui avaient d'abord enfreint
la capitulation, et que la faute était à eux si elle
ne s'exécutait pas : subterfuge indigne de l'autorité
souveraine, infamie dont l'Espagne ne pourra jamais se laver.

Les états-majors des divisions furent tirés des
navires, le 15 août, à la pointe du jour, sous prétexte de les soustraire aux mauvais traitements des
équipages des vaisseaux, qui voulaient leur mort,
et conduits au fort Saint-Sébastien : ce ne fut qu'a-
près les plus pressantes démarches que Dupont
parvint à obtenir un bâtiment parlementaire pour
les transporter en France.

Enfin, le 5 septembre, on vint les tirer de leur
captivité. Dupont, ainsi qu'un grand nombre de
généraux, officiers supérieurs et d'état-major, avec
leurs domestiques, furent placés sur le même na-
vire (1). Après onze jours d'une traversée des plus

(1) La polacre *le Saint-George*, qui ne portait cependant
pas, à beaucoup près, tous les officiers appartenant à l'état-
major général de Dupont et aux états-majors des divisions Barbou et Frésia, avait à son bord onze généraux, cinquante-six officiers supérieurs ou d'état-major, seize payeurs, administrateurs
ou chirurgiens, cinquante-huit soldats, domestiques, femmes
ou autres personnes.

pénibles, ils arrivèrent en rade de Toulon, le 21 du
même mois, et subirent quinze jours de lazaret.

Après avoir lu et suivi avec attention le récit
des événements compliqués que nous venons de
dérouler sous les yeux du lecteur, il ne viendra
sans doute dans l'idée de personne de faire retom-
ber sur le général Dupont la violation d'une convention (1) dont il fut lui-même la première vic-

Le général Chabert et d'autres officiers passèrent sur un second bâtiment.

Un troisième porta l'état-major des divisions Vedel et Dufour.

« Le 27 septembre, dit l'auteur des *Mémoires d'un officier
français prisonnier en Espagne, p. 58, des commissaires des
« guerres, des payeurs, des administrateurs, des officiers de
« santé et des femmes, au nombre de trois cents personnes en-
« viron, mirent à la voile pour la France. »

Ces faits prouvent, d'une part, l'exactitude de ce qui a été
dit sur le nombre d'officiers et d'administrateurs qui faisaient
partie de l'état-major de Dupont ou qui le suivaient, et de l'autre,
combien il eût été facile au gouvernement impérial de faire,
s'il l'avait voulu, une enquête complète sur l'affaire de Baylen,
à l'arrivée de Dupont en France.   (*Note de l'auteur.*)

(1) On sait comment, après le départ du général Dupont,
qui s'était embarqué en proie au doute le plus affreux, relativement à l'exécution de la Convention, sur laquelle les Espagnols avaient évité de s'expliquer d'une manière catégorique,
le traité d'Andujar fut violé par la plus infâme perfidie, et
comment, au mépris de toutes les lois de l'humanité, la junte
de Séville se couvrit d'une honte ineffaçable.

A la fin de l'année 1808 les officiers, sous-officiers et soldats du corps d'armée furent conduits dans la baie de Cadix;

time, quelque épouvantables qu'en aient été les conséquences. Plein de confiance, au surplus, dans

on leur enleva tous leurs effets et leur argent, et on les ensevelit dans les pontons. Dans ces prisons flottantes, le deuxième corps d'observation de la Gironde fut privé de la nourriture nécessaire, et le manque continuel d'eau vint encore ajouter à ces souffrances. Dénués de vêtements, rongés par la vermine, entassés pêle-mêle dans la plus affreuse saleté, dévorés par la soif et la faim, brûlés par la chaleur, abattus par les maladies épidémiques, le dégoût de la vie porta un grand nombre de ces malheureux à l'affreuse extrémité de chercher au sein de la mer le terme de leurs maux. D'une maigreur effrayante, ceux qui avaient encore la force de se traîner, ressemblaient à des spectres ambulants.

Ce ne fut qu'à la fin de janvier 1809, seulement, que l'autorité s'occupa de l'organisation des hôpitaux; plus de quinze cents prisonniers y entrèrent, et encore ne choisit-on que ceux dont l'état était désespéré. La mort avait déjà fait de cruels ravages dans tous les rangs; elle ne cessa pas de sévir parmi les infortunés admis à recevoir des soins qu'ils avaient attendus trop longtemps. Le 10 juillet suivant, le service des hôpitaux fut suspendu par ordre supérieur, et les malades réintégrés sur les pontons. L'armée française venait d'arriver sous les murs de Cadix et assiégeait la ville! Transportés sans ménagement, sans lits, sans vivres, sans ressources, la plupart de ces malheureux périrent d'abandon, de faim, de misère et de désespoir. Le 15 mars 1810, les officiers prisonniers du ponton *la Vieille-Castille*, au nombre de six cents, se rendirent maîtres du bâtiment, et parvinrent à s'échapper malgré les efforts réunis des Anglais et des Espagnols. Trois jours auparavant un grand nombre d'officiers périssaient lâchement assassinés à Palma.

Le 28 mars 1809, quatre cents officiers et quatre mille cinq cents sous-officiers et soldats de toutes armes avaient été débarqués à Cabréra, petite île inculte qui n'a que cinq lieues

la bonté de la cause que nous avons volontairement embrassée, nous allons reprendre le fil de notre narration.

de tour, amas de rochers très-élevés et sans aucune végétation, sur lesquels on les laissa sans ressources. Le 6 juin 1810, on y abandonna encore cinq cents autres prisonniers, et jusqu'à la fin de 1813, quatre nouveaux transports en amenèrent encore deux mille cinq cents. La position de ces tristes victimes de la mauvaise foi des Espagnols fut épouvantable. N'ayant que des vivres insuffisants, on les laissa même souvent pendant huit jours entiers sans nourriture, privés d'eau; ils manquaient aussi de vêtements et n'avaient que des cavernes pour se garantir des ardeurs du soleil ou de la rigueur des nuits.

Dans les premiers jours de novembre 1814, deux frégates françaises, sous pavillon blanc, vinrent recueillir les débris de la vengeance du peuple espagnol. Sur près de neuf mille Français qui avaient posé le pied sur le sol de Cabréra, plus de quatre mille cinq cents avaient trouvé leur tombeau dans la *Vallée des Morts;* deux mille seulement rentrèrent en France.

A la fin de 1810, les Anglais avaient transporté et renfermé dans les pontons de Plymouth environ cinq cents officiers, et quinze cents soldats de diverses nations avaient pris du service dans les troupes suisses et espagnoles.

Voilà quel fut le sort d'une partie du corps d'armée du général Dupont!!!   (*Note de l'auteur.*)

En recevant le rapport des tristes événements
de Baylen, l'empereur Napoléon les jugea d'abord
avec calme et justice. Il vit un combat glorieux
en lui-même par le courage de ses troupes, et malheureux seulement par des incidents inouïs, qu'il
était impossible à la sagacité humaine de prévoir.
Il apprécia les sages dispositions de Dupont, rappela ses succès antérieurs, et fit porter à sa famille
des paroles rassurantes.

Mais la politique du chef de l'empire ne tarda
pas à prévaloir, et une fois engagé dans la voie de
l'injustice et des rigueurs, il y fut retenu par l'in-
flexibilité bien connue de son caractère, qui plus
tard devait faire sa perte.

Un bulletin sur la Campagne de l'Andalousie
avait été envoyé à l'impression ; il fut tout à coup
retiré et changé, en ce qui concernait le général
Dupont. La première version lui était favorable ;
la seconde, qui parut le 5 septembre 1808, dans le
Moniteur de l'Empire, lui fut toute contraire. Ce
n'était plus une relation fondée sur les faits, un raisonnement dicté par des considérations militaires ;
ce fut l'inspiration d'une politique passionnée qui

voulait se prémunir contre le jour et l'effet des événements, et les faire tourner à son profit (1).

Ce changement s'explique, du reste, si l'on se reporte au caractère de l'Empereur, et si l'on considère qu'il apprenait à ce moment la violation de la capitulation, sur laquelle les gazettes espagnoles et anglaises ne laissaient plus aucun doute. D'abord il avait jugé le fait avec justice : il n'en jugeait plus alors que les conséquences. Malheureusement, le public et les historiens ont, en grande partie, suivi jusqu'à présent l'exemple de Napoléon.

(1) Nous transcrirons ici l'article du *Moniteur de l'Empire*, qui concerne l'affaire de Baylen :

« ..... Après une série d'événements que nous ne pouvons « décrire, puisqu'ils doivent être l'objet de recherches, de rap- « ports et d'interrogatoires, le général Dupont, non-seulement « fit la triple faute de laisser couper sa communication avec « Madrid ; ce qui est pis encore, de se laisser séparer des deux « tiers de ses forces, restées à six lieues de sa communication, « et enfin de se battre, le 19 juillet, avec le tiers de son monde, « dans une position désavantageuse, après une marche forcée « de nuit, et sans avoir eu le temps de prendre du repos.

« Il y a peu d'exemples d'une conduite aussi contraire à tous « les principes de la guerre. Ce général, qui n'a pas su diriger « son armée, a ensuite montré dans les négociations encore « moins de courage civil et d'habileté. Comme Sabinus Titu- « rius, il a été entraîné à sa perte par un esprit de vertige, et « il s'est laissé tromper par les ruses et les insinuations d'un « autre Ambiorix ; mais plus heureux que les nôtres, les soldats « romains moururent tous les armes à la main.

« Si le général Dupont avait tenu ses troupes réunies, il au- « rait sans efforts culbuté les insurgés, puisque leur armée « n'était composée que de trois divisions, formant à peine vingt « mille hommes. »   (*Note de l'auteur.*)

A leur arrivée successive à Toulon, le lieutenant général comte Dupont, ainsi que les généraux Vedel, Chabert et Legendre, avaient été arrêtés, par ordre de l'Empereur, et emprisonnés au fort Lamalgue et à Marseille, où ils restèrent trois mois.

En même temps, tous les documents qui pouvaient éclaircir cette malheureuse affaire, tous les papiers personnels de Dupont et de ses généraux, furent saisis et envoyés à Paris. Le duc de Feltre, ministre de la guerre, rendit compte à l'Empereur de l'examen qui en fut fait, au nom de la commission qui en avait été chargée.

Voici plusieurs extraits de ce rapport (1):

« Sire,

« J'ai nommé une commission pour examiner
« les trois cent quatre pièces prises au général
« Dupont. Sur ce nombre, cent quarante-cinq
« sont relatives à la formation et composition des
« corps; les autres sont des lettres de famille,
« lettres insignifiantes ou n'ayant pas trait à
« l'affaire.

« Il n'y a que vingt-cinq ou trente pièces qui

---

(1) Cette pièce est d'une grande importance, car elle émane d'un comité purement militaire, qui ne pouvait s'être laissé influencer, ni par les conséquences de la Capitulation de Baylen, ni par les vues politiques de l'Empereur, qu'il ne lui était pas alors possible de prévoir. Aussi est-elle presque entièrement en faveur de Dupont. (*Note de l'auteur.*)

« soient de nature à jeter du jour sur cette affaire ;
« dans quelques-unes on voit la preuve des asser-
« tions du général Dupont.

« Diverses lettres furent écrites pour l'engager
« à rester à Andujar....

« Le duc de Rovigo a commencé à écrire dans
« un sens différent, le 16 juillet, mais ses lettres
« ne sont pas parvenues. Aussi, ne doit-on pas
« s'étonner que le général Dupont ait toujours
« répondu aux observations qui lui étaient faites
« sur le danger de son séjour à Andujar : *Mes ins-*
« *tructions me forcent d'y rester.*

« La demande d'un bataillon et d'un escadron,
« adressée au général Vedel, fut portée par un
« aide de camp qui alla à Baylen, où il trouva le
« général Gobert, qui ne put lui rien donner,
« n'ayant que neuf cents hommes. Il alla trouver
« Vedel à Mengibar. Vedel partit avec tout son
« monde ; on ne voit pas pourquoi il n'exécuta pas
« l'ordre du général Dupont. Quant aux mouve-
« ments ultérieurs, on voit que Dufour a été le pre-
« mier induit en erreur par les marches de l'en-
« nemi, et que cette circonstance a également
« trompé Vedel ; mais il est très-malheureux que
« ce dernier, arrivé le 18 à la Caroline, à neuf
« heures (du matin), n'en soit reparti que le lende-
« main, et qu'il ne soit arrivé à Baylen qu'à cinq
« heures (du soir, le 19), quoiqu'il n'y ait que quatre
« lieues de distance.

« La première faute du général Vedel fut de
« quitter Liger-Belair, pour venir à Andujar avec

« tout son monde, tandis qu'on ne lui demandait
« que un ou trois bataillons au plus. Sa deuxième
« faute fut de comprendre à la lettre sa réunion
« avec le général Dufour, et de s'éloigner toujours
« davantage du point essentiel, Baylen; aussi, à
« peine l'eut-il quitté, que l'ennemi s'en empara.
« Si, au moins, Vedel avait accéléré sa marche! il
« n'avait que quatre lieues à faire; il devait tou-
« jours, attendu la chaleur, partir à l'entrée de la
« nuit; il serait arrivé à Baylen dans la matinée....

« Ainsi, en dernière analyse, l'examen des pa-
« piers trouvés chez le général Dupont prouve qu'il
« était fondé à alléguer les ordres reçus de rester à
« Andujar. Ils prouvent, en outre, que ce n'est pas
« par sa faute que Vedel s'est trouvé absent le jour
« du combat. Si ce général eût suivi les dernières
« instructions du général Dupont, il serait resté à
« Baylen dès le 17, et l'ennemi n'y serait pas venu,
« ou du moins, s'il y était venu, on pouvait le bat-
« tre avec dix-huit ou vingt mille hommes, au lieu
« de se faire battre partiellement.......... »

Cependant, malgré ce rapport, l'Empereur rendit un décret ordonnant que les généraux Dupont,
Marescot, Vedel, Chabert et Legendre, ainsi que le
capitaine de Villoutreys et les payeurs Lerembours
et Plauzoles, fussent traduits devant la Haute Cour
de justice impériale, qui seule, d'après les consti-
tutions de l'Empire (art. 101 de l'acte du 28 floréal),
pouvait connaître des accusations portées contre
les prévenus, en raison de la qualité de l'un d'eux,
et le comte Regnaud de Saint-Jean-d'Angely, mi-

nistre d'État, grand procureur général près la Haute Cour, fut chargé de l'instruction de l'affaire.

Le 3 février 1809, le procureur général, accompagné de trois magistrats, officiers de son parquet, et du greffier en chef, se transporta à la prison de l'Abbaye, à Paris, où avaient été transférés les prévenus, et il procéda à l'interrogatoire de Dupont, qui fut continué les 6 et 8 du même mois et le 1ᵉʳ mars suivant (1). On procéda également aux interrogatoires des autres accusés.

Le 10 août 1810, Regnaud de Saint-Jean-d'Angely adressa à l'Empereur un rapport sur la capitulation de Baylen et sur l'instruction de l'affaire.

Dans la première partie de ce rapport, il fait connaître l'état de l'instruction, et le résultat des interrogatoires qu'il avait fait subir aux prévenus pour arriver, par la comparaison du compte rendu par chacun d'eux, à la découverte des faits qui devaient motiver l'opinion des magistrats du parquet sur leur mise en accusation.

« Pour compléter l'instruction, et constater des

---

(1) Sur ces quatre interrogatoires, deux seulement ont été livrés à la publicité. En les lisant, on est frappé de la manière captieuse avec laquelle les questions du procureur général ont été posées à Dupont, particulièrement au sujet de sa correspondance avec Vedel, dont il n'avait conservé qu'un vague souvenir, et dont il ne put point obtenir alors de copie. Il devait nécessairement en résulter des contradictions, dont l'accusation s'empara plus tard, mais que Dupont expliqua facilement quand, en 1812, la commission d'enquête lui fit donner copie de sa correspondance. (*Note de l'auteur.*)

« faits importants, il eût été nécessaire, dit-il,
« d'entendre plusieurs officiers généraux ou supé-
« rieurs des divisions qui étaient à Baylen. Mais
« les uns sont encore prisonniers; les autres sont
« employés activement en Espagne; et j'ai cru ne
« devoir les appeler qu'au moment où ils pourraient
« être entendus en même temps, et pour l'instruc-
« tion préalable, et, s'il y avait lieu, pour le juge-
« ment de l'affaire. »

Dans la deuxième partie, le procureur général analyse les faits d'après l'instruction et les pièces.

Dans la troisième partie, il examine la conduite de chaque prévenu. Le paragraphe 1er est employé à retracer celle du général Marescot; et le paragraphe 2e, qui concerne le général Dupont, contient la narration sommaire des faits articulés dans l'acte d'accusation que nous avons déjà cité en son entier (page 82).

Ce paragraphe finit par ces mots :

« Tous ces faits ne sont pas prouvés, mais ils
« sont articulés dans les pièces. Tous appellent un
« examen solennel; plusieurs paraissent vrais.

« Une partie suffirait pour établir un acte d'ac-
« cusation. »

Les paragraphes 3, 4, 5 et 6 sont consacrés au général Vedel, au général Chabert, au capitaine de Villoutreys, aux payeurs Lerenbours et Plauzoles, et au général Legendre.

Enfin, dans la quatrième partie de ce rapport, le procureur général s'exprime ainsi :

« Votre Majesté Impériale et Royale peut, d'après

« l'exposé sommaire que je lui présente, juger qu'il
« reste beaucoup à faire pour éclaircir les faits et
« prendre, sur chaque prévenu, une opinion qui
« puisse fonder son renvoi ou son accusation.

« Toutefois, assez de témoignages existent pour
« ne pas absoudre.

« Sans contredit, la Haute Cour, à laquelle Votre
« Majesté a renvoyé, est compétente pour con-
« naître de l'affaire.

« Elle est compétente selon l'article 101 de l'acte
« du 28 floréal, § 1er, en raison de la personne,
« parce qu'un grand officier de l'Empire est in-
« culpé.

« Elle est compétente aux termes du § 5 du
« même article, qui lui attribue les faits de déso-
« béissance des généraux de terre et de mer, qui
« contreviennent à leurs instructions.

« Dans le cas particulier, la capitulation où le
« général Vedel a été compris par le général Du-
« pont, paraît être une violation des instructions
« les plus respectables d'un général en chef.

« Toutes les circonstances relevées ci-dessus
« ajoutent à la gravité de l'accusation.

« Mais, quelle peine, dans l'état actuel de la lé-
« gislation, la Haute Cour pourrait-elle appliquer ?

« Le sénatus-consulte présenté au sénat, et
« ajourné pour discuter les observations de sa com-
« mission, pourvoit à tous les cas.

« Pour l'instruction, il lèvera toutes les diffi-
« cultés, du jour même où il sera rendu, et pour

« les affaires antérieures. Il est utile au service de
« Votre Majesté qu'il ne tarde pas.

« Pour le jugement, il n'aura pas d'effet ré-
« troactif.

« Cependant, si la désobéissance aux instruc-
« tions des généraux leur est imputée à crime, se-
« lon l'acte du 28 floréal, cet acte même a voulu,
« dès lors, qu'il fût puni s'il a été commis, et s'il
« est prouvé.

« Et la Haute Cour, en ce cas, appliquerait sû-
« rement une peine proportionnée à la gravité de
« l'action, à l'importance des suites pour les grands
« intérêts de Votre Majesté et de son empire, pour
« l'exemple et l'honneur de ses armées.

« Cette Cour suprême, investie à la fois de tant
« de confiance et de tant de pouvoirs, ne peut être
« assimilée aux autres tribunaux de Votre Majesté.
« C'est un grand jury national, qui devra pronon-
« cer d'après des principes de justice conformes
« aux lois de l'Empire, mais d'un ordre supérieur
« à ceux qui motivent les décisions de vos Cours
« ordinaires.

« Au reste, Sire, je ne présente à Votre Majesté
« qu'un tableau abrégé d'une affaire dont l'instruc-
« tion est déjà très-volumineuse.

« Si Votre Majesté m'ordonne de suivre, je de-
« vrai réunir mes substituts, et présenter, aux
« termes de l'article 119 de l'acte du 28 floréal,
« un rapport détaillé, délibéré avec eux.

« Je prie Votre Majesté de me faire connaître
« ses intentions. »

Après cette enquête préliminaire, qui demeura complétement secrète, même pour les prévenus, l'instruction, au lieu d'être complétée, ainsi que le procureur général en avait reconnu la nécessité dans son rapport, par l'audition de témoins et par des renseignements pris dans les différentes villes d'Andalousie que nous occupions alors, fut entièrement suspendue jusqu'en 1812, et durant ce temps, le public fut maintenu dans une ignorance entière des détails de cette affaire qu'entourait le voile le plus épais.

Cependant le général Dupont, qui s'attendait à paraître, chaque jour, devant ses juges, avait fait choix de quatre avocats (1) et préparé sa défense; mais il attendit vainement pendant des années.

Après avoir passé neuf longs mois à l'Abbaye, il obtint, pour cause de maladie, et sur les instances de sa famille, d'être transféré, sous la surveillance d'un gendarme, dans la maison de santé du docteur Desessards, à Clichy. De là, il fut conduit, peu de temps après, toujours sous la même surveillance, à la maison de campagne du comte Bergon, son beau-père, située aux Thernes, près Paris. Le comte Dupont y passa deux ans et demi oublié en apparence par l'autorité, tandis que, de son côté, le public, et surtout l'armée, qui appréciait dignement les talents du général, son beau

(1) MM. Berryer père et Chauveau-Lagarde, avocats plaidants, et MM. Lacroix-Frainville et Guichard, avocats consultants. *(Note de l'auteur.)*

caractère et les succès qu'il avait tant de fois obtenus dans le cours de ses campagnes, ne pouvait croire à la persévérance d'un acte d'injustice contre lequel elle s'était élevée fortement.

Tous les généraux et officiers appartenant à l'état-major du corps de Dupont avaient été, à leur retour en France, éloignés de Paris et envoyés, à dessein, pour continuer leurs services, soit en Espagne, soit dans d'autres parties de l'Europe; cependant, plus d'une fois, ceux qui passèrent accidentellement par Paris, y laissèrent éclater leur surprise et leur indignation.

Une voix bien puissante était encore venue appuyer la défense de Dupont : c'était celle des officiers du corps d'armée d'Andalousie, qui avaient été réunis sur le ponton *la Vieille-Castille*, dans la baie de Cadix, après l'affreuse violation de la Capitulation de Baylen. C'est surtout dans ces moments pénibles que la vérité se dévoile sans ménagement; le malheur rend même quelquefois injuste; mais la force de la vérité et la noblesse du caractère français prévalurent toujours dans l'esprit de ces braves. Dans leur dure captivité, ils n'avaient cessé de rendre justice à leur général en chef et de plaindre sa situation; de même qu'il déplorait, de son côté, les effets de l'infâme perfidie qui les avait retenus prisonniers. Lorsque, parvenus à s'échapper par un prodige d'audace, ils furent de retour en France, ils témoignèrent hautement leur opinion sur la persécution dont leur ancien général était l'objet, et souvent aussi, pendant le temps de sa mise en surveillance, Dupont reçut des témoignages touchants de leur estime et de leur sympathie.

Napoléon, au milieu des soucis du pouvoir, de ses espérances guerrières et des joies de son mariage, n'avait cependant pas oublié Dupont.

Une nuit du mois de février 1812, le général est brusquement enlevé des Thernes, et de nouveau jeté dans la prison de l'Abbaye. Là, on l'avertit de se tenir prêt, non plus à paraître devant la Haute Cour impériale, mais à huis clos, devant une commission d'enquête, en présence de laquelle il se défendra lui-même, et sans l'assistance d'aucun conseil.

Le 26 du mois précédent, en effet, le prince archichancelier Cambacérès avait adressé à l'Empereur un rapport qui contient les passages suivants :

« On ne peut porter l'affaire devant la Haute « Cour; elle n'est pas encore constituée; la ré- « troaction n'est pas dans la justice de Votre Ma- « jesté.

« On ne peut la porter devant les tribunaux or- « naires, parce qu'un grand officier de l'Empire « est impliqué.

« Les Espagnols ont gardé le secret sur cette « affaire, à cause de la violation de la Capitula- « tion : il faut qu'il n'en reste qu'un vague sou- « venir (1).

---

(1) Comment Cambacérès pouvait-il dire que les Espagnols

« C'est devant une commission d'enquête que
« cela doit être porté ; *les accusés y comparaîtront*
« *sans défenseurs*, parce qu'il ne s'agit point d'un
« jugement à rendre, mais bien d'avis à soumet-
« tre à Votre Majesté pour qu'elle prononce sur le
« sort des inculpés.

« La commission ne pourra prononcer aucune
« peine afflictive ; elle pourra conclure à ce que
« Votre Majesté soit suppliée de retirer à ceux
« trouvés coupables leurs titres, distinctions et
« avantages. »

Par suite de ce rapport, le 12 février, l'Empereur avait rendu un décret constitutif d'un Conseil
d'enquête, pour donner son avis sur la conduite
des généraux et autres officiers qui avaient pris
part à la Capitulation de Baylen.

avaient gardé le secret sur l'affaire de Baylen, tandis qu'au
contraire toutes les gazettes d'Espagne et d'Angleterre retentis-
saient alors de ce funeste événement, et que ces feuilles publiques furent présentées au conseil d'enquête pour appuyer
l'accusation ?

Il est curieux, du reste, de mettre en regard le rapport de
l'archichancelier et celui de Regnaud de Saint-Jean d'Angely,
sur la possibilité de porter l'affaire devant la Haute Cour impériale. Le lecteur appréciera les scrupules de Cambacérès et son
respect pour la légalité, dont le résultat fut d'enlever Dupont
et ses coaccusés à leurs juges naturels, pour les traduire devant une commission, leur refuser même un défenseur, et les
livrer ensuite à la discrétion du bon plaisir impérial.

Le motif véritable des propositions contenues dans ce rapport, c'est que Napoléon s'était cru d'abord certain de la con-
damnation de Dupont par la Haute Cour, et qu'ensuite il avait
été amené à en douter.   (*Note de l'auteur.*)

Ce Conseil, présidé par Cambacérès, était composé des membres suivants :

Le prince de Neufchâtel, vice-connétable ;

Le prince de Bénévent, vice-grand électeur ;

Le duc de Massa, grand juge, ministre de la justice ;

Le duc de Feltre, ministre de la guerre ;

Le comte de Cessac, ministre de l'administration de la guerre ;

Le maréchal duc de Conégliano ;

Le maréchal Bessières, duc d'Istrie ;

Le comte de Lacépède, grand chancelier de la Légion d'honneur et président du sénat ;

Le comte de Laplace, chancelier du sénat ;

Le comte de Fermon ;

Le comte Boulay ;

Le comte Muraire (1).

Le 17 du même mois, le Conseil se réunit, à huis clos, dans le palais des Tuileries, où se trouvait alors l'Empereur.

Les deux premières séances se passèrent hors de la présence des accusés. Le grand procureur général Regnaud de Saint-Jean-d'Angely donna lecture au Conseil de son rapport, lui communiqua les principales pièces de l'ancienne instruction, notamment les interrogatoires des prévenus, la corres-

---

(1) Le comte Dejean, le comte Andréossy et le comte Gantheaume faisaient aussi partie du Conseil, mais ils ne prirent point part à ses séances par un motif qui nous est inconnu.

(*Note de l'auteur.*)

pondance de Dupont et de Vedel, des fragments de celle du duc de Rovigo, deux déclarations du général Poinsot et du capitaine Réboulot, une lettre du général Lagrange, le journal militaire du général Privé, et enfin divers articles de journaux espagnols et anglais, contenant des lettres écrites par le général Morla au général Dupont.

Le 20 seulement, les accusés furent introduits et entendirent, l'un après l'autre, la lecture de l'acte d'accusation en ce qui les concernait. Nous avons rapporté intégralement la partie de cet acte qui touche le général Dupont. On sait qu'il concluait à l'application de l'article 77 du code pénal, c'est-à-dire à la peine de mort!!! Dupont en eut connaissance, pour la première fois, dans cette séance.

Le Conseil ayant décidé qu'il serait donné communication de cet acte aux prévenus, la signification leur en fut faite le même jour, et sur la demande de Dupont, il lui fut en même temps remis une copie de sa correspondance avec Vedel, dont il avait en vain demandé, depuis quatre années, une expédition. Aucune autre pièce ne lui fut communiquée.

Ce fut avec ces seules armes que le général entreprit sa justification. En deux jours, il écrivit un mémoire de défense, et à la séance du 22, il en donna lecture au Conseil.

Dans ce mémoire, Dupont répondit, article par article, à l'acte d'accusation, expliqua nettement les phases de sa correspondance avec Vedel, et demanda sa confrontation avec lui. Il indiqua les témoins qui prouveraient l'exactitude de chacune de ses assertions, et requit leur audition; réclama une enquête auprès des autorités espagnoles de Cordoue; offrit de confondre les prétendus témoins à charge sur les déclarations desquels l'accusation disait s'appuyer, et dont on ne lui avait pas fait connaître un seul; enfin, demanda à répondre à toutes les interpellations que l'on jugerait convenable de lui adresser, et à fournir tous les éclaircissements nécessaires, si le Conseil ne trouvait pas sa justification complète.

Mais, quoique les réclamations de Dupont fussent aussi justes que pressantes, le Conseil y fut sourd. La confrontation qu'il avait demandée avec Vedel lui fut seule accordée, et il n'eut pas de peine à confondre ce général et à détruire ses assertions erronées.

En sortant de cette séance, le prince de Talleyrand disait : « *Il est impossible de se mieux défendre,* « *pieds et poings liés.* »

Dupont avait demandé au Conseil, à la fin de la séance du 22, à être entendu encore une fois pour compléter sa défense.

Le 23, le grand procureur général le fit conduire chez lui pour lui dire qu'il ne serait pas entendu, mais que s'il avait de nouvelles observations à faire, il pouvait les lui adresser par écrit. Dupont lui remit, en effet, un mémoire additionnel à ses moyens de défense, dans lequel il renouvelait, plus énergiquement encore, ses protestations, ses justes demandes et ses offres de justification, mais nous ignorons s'il fut lu.

Le 24, le procureur général prit ses conclusions, et conclut à la peine de mort.

Alors, l'archichancelier Cambacérès déclara l'affaire instruite, et après avoir adressé une allocution à ses collègues, il termina son discours par ces étranges paroles :

« Les bases de notre opinion seront prises dans « les faits de l'accusation, les interrogatoires des « accusés, ainsi que dans leur défense. Il n'est « point dans nos attributions de juger, ni les opé- « rations militaires des généraux inculpés, ni leurs « fautes, non plus que de nous occuper de cer- « tains faits mentionnés dans plusieurs pièces de « la procédure relatives aux dilapidations commises « à Cordoue, et des désordres de la comptabilité de « plusieurs payeurs ; *tout doit se réduire à considérer* « *la Capitulation de Baylen dans ses dispositions* ET « SES CONSÉQUENCES, et à signaler ceux qui se sont « rendus coupables pour y avoir pris part. »

La séance du 25 et celle du 26 furent employées en discussions, et chacun des membres remit au président son opinion individuelle par écrit, ainsi que l'Empereur l'avait ordonné.

Voici comment fut conçue la décision collective du Conseil :

« Le Conseil déclare que la Capitulation de Baylen « contient des conditions honteuses et avilissantes ; « qu'elle a porté atteinte aux intérêts politiques de « l'Empire, et qu'elle a compromis la sûreté extérieure

« de l'État; que les cinq prévenus, ci-après dénommés,
« auraient pu être traduits devant la Haute Cour im-
« périale, si ce grand tribunal eût été complétement
« organisé, et s'il n'y avait pas de graves inconvé-
« nients à livrer cette affaire à la publicité des dé-
« bats judiciaires; et qu'ils sont coupables d'avoir
« coopéré à l'acte déshonorant de la Capitulation
« de Baylen :

« Le général Dupont, en faisant proposer, ap-
« prouvant, signant cette capitulation;

(Suivent les détails relatifs aux autres prévenus.)

« Quant à la peine, le Conseil est d'avis que le
« général Dupont soit privé de ses rangs, grades,
« titres, honneurs, prérogatives, traitements et
« pensions; que ses décorations lui soient retirées;
« qu'il lui soit défendu de prendre le titre de comte,
« lequel titre passera à son décès à son fils aîné,
« avec ses dotations; qu'il lui soit aussi défendu,
« sous peine d'être arrêté et détenu pendant un an
« la première fois, et le double en cas de récidive,
« d'approcher de vingt lieues de la résidence de Sa
« Majesté Impériale.»

Le Conseil reconnut ensuite que les quatre autres inculpés étaient passibles des peines applica-
bles au général Dupont, mais il recommanda les
trois généraux à la clémence de l'Empereur, en
opinant pour que le général Marescot fût suspendu
indéfiniment de ses fonctions de premier inspec-

teur du génie; que le général Chabert fût rayé des contrôles de l'armée et mis en retraite; que le général Legendre fût suspendu provisoirement; que le capitaine de Villoutreys subît les mêmes condamnations que le général Dupont; enfin, que les payeurs Plauzoles et Lerenbours fussent renvoyés devant le ministre du trésor impérial.

A la suite de cette décision, Cambacérès, président du Conseil d'enquête, adressa son rapport au souverain.

Au bout d'un mois de silence, qui parut à la famille de Dupont un nouvel oubli, ou un prélude à une justice impatiemment attendue, le général fut enlevé de l'Abbaye au milieu de la nuit et conduit au fort de Joux, dans le département du Doubs, pour y être enfermé jusqu'à nouvel ordre, après avoir entendu la lecture d'un mystérieux décret, qui ne devait point être imprimé, et qui le dépouillait de tout ce qu'on peut ôter à un homme, sans lui arracher la vie.

En conséquence du rapport de Cambacérès, l'Empereur avait en effet rendu, le 1er mars, un décret dont nous ferons connaître seulement le paragraphe relatif au général Dupont :

« Le général de division Pierre Dupont est des-
« titué de ses grades militaires. Les décorations
« qui lui avaient été accordées lui sont retirées;
« son nom sera rayé du catalogue de la Légion
« d'honneur. Il lui est fait expressément inhibition
« et défense de porter à l'avenir l'habit militaire,

« de prendre le titre de comte, et de faire usage
« des armoiries que nous avons attachées à ce titre.
« Les dotations qu'il tenait de notre munificence
« seront mises sous le séquestre. Il sera transféré
« dans une prison d'État, pour y être détenu jus-
« qu'à nouvel ordre (1). »

(1) De tous les livres qui ont traité la question qui nous occupe, l'*Histoire de la guerre de la Péninsule*, par le général
Foy, est, sans contredit, le seul que la grande réputation et le
caractère de son auteur aient rendu populaire en France, et il
a, bien certainement, contribué à entretenir les calomnies
amassées sur la tête de Dupont.

La manière dont ce général a envisagé, dans son ouvrage,
les opérations militaires de la campagne d'Andalousie, les événements de Baylen et la capitulation qui en fut la conséquence,
prouve que cet honorable historien, lorsqu'il l'écrivit, man-
quait des documents indispensables pour faire une narration
impartiale. La mort étant venue l'enlever avant qu'il eût pu
mettre la dernière main à son manuscrit, sa famille l'a publié
tel qu'il l'avait laissé. Mais nous ne faisons nul doute, que le
général Foy, sincère ami de la vérité et de la justice, n'eût considérablement modifié son travail, si lui-même eût vécu.

Nous ne pouvons, du reste, qu'applaudir à la manière dont
il a jugé la conduite du gouvernement impérial à l'égard de
Dupont.

Voici comment il s'exprime à ce sujet :

« En Angleterre et dans tout pays libre et régulièrement gou-
« verné, la Convention d'Andujar eût été l'objet d'une enquête
« solennelle. Les Français n'en eurent même pas connaissance.
« Les caprices du despotisme ne sont pas toujours d'accord
« avec ses propres intérêts. Que devait faire Napoléon ? que
« lui indiquaient même les calculs d'utilité ? Il eût fallu don-
« ner la plus grande publicité à cette affaire, appeler de l'Es-
« pagne enorgueillie par un succès inespéré, à la raison froide

Le même décret prononçait contre les généraux
Vedel, Marescot et Chabert, et le sieur de Villou-

« et éclairée des parties non intéressées. Il aurait été démon-
« tré, par une enquête judiciaire et impartiale, que la puis-
« sance française n'était pas entamée ; que la gloire était à peine
« atteinte ; que le vainqueur avait profité inopinément et pres-
« que à son insu, d'un enchaînement et d'une complication de
« fautes et de malheurs, tels que ces mêmes données, combi-
« nées ensemble de mille manières différentes avec les mêmes
« hommes et dans les mêmes circonstances, n'auraient pu
« donner deux fois le même résultat. Si les juges eussent trouvé
« des coupables, le souverain avait le droit de pardonner des
« erreurs à un mérite reconnu, à d'anciens et signalés ser-
« vices. Il se serait ainsi réservé le bonheur de la clémence,
« sans avoir perdu le profit de l'exemple. Au lieu de cela, un
« voile épais couvrit les événements désastreux de Baylen ; il
« n'en transpira que ce qu'il était impossible de soustraire à la
« curiosité publique. On sut que les officiers généraux qui
« avaient eu part à ces événements, étaient arrêtés et enve-
« loppés dans le même sort, quelle que fût la différence de leur
« situation et même de leurs opinions.

« Le bruit courut en Europe, et les journaux anglais le pro-
« pagèrent ou le répétèrent, que le général Dupont avait été
« mis à mort dans un donjon. La pitié s'attacha à un homme
« estimé, qu'on considérait comme victime du despotisme.

« Quatre ans après, quand d'autres événements avaient fait
« oublier ceux de Baylen, Napoléon, qui allait recommencer
« la guerre dans le Nord, voulut, au sujet de Baylen, fixer la
« législation militaire sur des cas semblables. Un Conseil d'en-
« quête, formé d'une commission de la Haute Cour impériale,
« s'assembla à huis clos, interrogea les prévenus. Leurs moyens
« de défense et même l'opinion de la Haute Cour sont restés
« ignorés. Un décret impérial frappa le général Dupont et tous
« les autres. L'opinion publique regarda tout cela comme l'œu-

treys, la destitution de leur grade, la radiation du catalogue de la Légion d'honneur, et l'exil à quarante lieues de Paris, leur laissant toutefois le choix du lieu de leur exil. Il suspendait aussi le général Legendre de ses fonctions (1).

L'article 4 et dernier du décret portait qu'il serait fait trois expéditions de la procédure, pour être déposées aux archives du gouvernement, aux archives de l'empire et à celles du sénat, et que ledit décret ne serait pas imprimé.

Depuis lors, en vertu d'une ordonnance rendue par Louis XVIII, le 7 novembre 1814, sur le rapport de M. le chancelier Dambray, toute la procédure et toutes les pièces relatives à cette affaire

« vre du despotisme, mais fut bientôt après distraite par d'au-
« tres catastrophes. »   (*Note de l'auteur.*)

(1) L'Empereur, par décret du 11 décembre 1813, releva le général Vedel de sa destitution, et l'appela au commandement d'une division de l'armée de réserve d'Italie.

Le général Chabert cessa d'être employé et demeura en état de surveillance, disgrâce que l'Empereur adoucit en le créant, en 1809, baron de l'empire.

Le général Legendre avait été admis à la retraite par décret impérial du 9 février 1809, et était resté éloigné du service jusqu'au 6 août 1811, époque à laquelle il avait été remis en activité pour être employé à l'armée d'Italie. Il fut de nouveau suspendu de ses fonctions, à dater du 1er mars 1812, comme complice du général Dupont, *pour avoir été l'organe des ordres donnés par ledit général, et pour avoir écrit, le 21 juillet 1808, au général Vedel, qu'il devait s'arrêter, parce qu'il était compris dans une capitulation faite, tandis qu'il n'y a eu de capitulation signée que le 22.*   (*Note de l'auteur.*)

qui, en exécution du décret précité, avaient été déposées aux diverses archives du gouvernement, furent remises et réunies au ministère de la justice, où elles existent encore aujourd'hui. Nous en avons la certitude, et nous pouvons l'affirmer de la manière la plus positive, bien que le contraire ait été dit et paraisse résulter d'une correspondance que le général Vedel a eue avec M. le chancelier Dambray et M. le ministre de la justice, comte Portalis, et que ce général a publiée en 1827.

Nous espérons que le jour n'est pas éloigné où ces importants documents seront livrés à la publicité ; alors seulement on pourra, en toute connaissance de cause, faire la part qui appartient à chacun dans cette malheureuse affaire. En attendant, nous déclarons que toutes les pièces que nous avons citées dans le cours de cette notice, soit intégralement, soit par extraits, sont authentiques et ont été puisées aux sources les plus irrécusables.

———

Résumons maintenant cette monstrueuse procédure.

A son arrivée en France, Dupont est arrêté ; tous ses papiers sont saisis ; il est mis au secret, et traduit, en vertu d'un décret de l'Empereur, devant la Haute Cour impériale, qui seule, d'après la loi, est reconnue avoir qualité pour le juger.

Cependant, Dupont demeure pendant trois ans

et demi en prison ou en surveillance, sans qu'il soit prononcé sur son sort. On se borne à lui faire subir des interrogatoires captieux pour lesquels on lui refuse même communication de sa correspondance, afin de tirer parti, contre lui, des erreurs de sa mémoire; puis, tout à coup, après cette longue attente, l'archichancelier Cambacérès découvre que la Haute Cour impériale n'est pas organisée. Par scrupule pour la légalité, on enlève Dupont aux juges que la constitution lui avait donnés, et en même temps on le traduit devant une Commission d'enquête composée de grands fonctionnaires dépendant uniquement du bon plaisir de l'Empereur, auxquels, pour ne pas même leur laisser un semblant d'indépendance, Napoléon demande *leur opinion individuelle et par écrit*, et, pour mieux étouffer la voix de la victime, il n'est pas permis à Dupont d'avoir de défenseur.

Dupont paraît devant cette commission d'enquête, assemblée dans le château des Tuileries ; et alors, pour la première fois, on lui donne connaissance d'un acte d'accusation longuement élaboré, dans lequel on l'accuse d'impéritie, de lâcheté, de vol, de trahison, et qui conclut à la peine de mort.

Dupont n'a que quarante-huit heures pour répondre!!!...

Vainement, dans sa défense, il demande communication des pièces à charge, des dépositions des témoins, des interrogatoires des autres accusés! Vainement, il en appelle au témoignage de toute son armée et requiert qu'il soit fait une enquête en Espagne! Rien ne lui est communiqué, sauf ses lettres au général Vedel, avec lequel on consent à le confronter.

Chose difficile à croire! cette commission, qui doit prononcer sur l'honneur de huit accusés, parmi lesquels se trouvent cinq officiers généraux, et à laquelle on demande la mort de l'un d'eux, se contente, dans un moment si solennel, d'écouter la lecture de quelques pièces ou extraits de pièces, que le procureur général lui communique en l'absence des prévenus. Elle n'entend aucun témoin à charge ou à décharge, ne provoque aucune enquête, et après avoir écouté la défense de chacun des accusés isolément, et les conclusions du procureur général, hors de leur présence, se trouvant suffisamment instruite, suffisamment éclairée, elle conclut à ce que l'Empereur enlève au général Dupont ses grades, honneurs, décorations, etc.

Mais ce n'est point encore assez!!!.....

Pour mettre le comble à tant d'iniquités, le souverain, qui en semblable occasion n'exerce jamais que le droit de faire grâce, ajoute, de son propre mouvement, aux rigueurs qui lui sont proposées, une peine arbitraire inconnue dans nos codes : *la détention jusqu'à nouvel ordre ;* puis, comme honteux de son œuvre, il s'empresse de prescrire toutes les mesures nécessaires pour que cette procédure monstrueuse demeure ensevelie dans l'ombre. Le secret en a été si bien gardé qu'elle y est encore plongée aujourd'hui.

Qui pourrait dire maintenant que Dupont a été jugé?

Non, le général Dupont n'a pas été jugé! il fut victime de la politique et de la raison d'État de Napoléon!

Mais son procès reste à faire, et sa cause doit être portée devant le tribunal de l'opinion publique, qui seule, arbitre suprême, peut actuellement lui rendre la justice qu'il invoqua si longtemps, laver sa mémoire des imputations calomnieuses dont on avait prétendu la ternir, et lui rendre, en la réhabilitant, le prestige glorieux dont elle n'aurait jamais dû cesser d'être environnée. Nous l'avons dit en commençant, c'est dans ce but que nous avons entrepris ce travail.

Revenons maintenant sur les événements de Baylen, et cherchons à les apprécier d'une manière indépendante, et sans nous préoccuper ni d'un acte d'accusation dont une partie des bases sont encore inconnues, et dans lequel se révèle la partialité la plus révoltante, ni de l'opinion de la Commission d'enquête et du décret impérial, que nous avons qualifiés comme ils le méritent.

Le lecteur qui a suivi avec attention l'enchaînement des faits que nous nous sommes borné à
raconter simplement et avec une exactitude ri-
goureuse, a pu se former déjà, en les rapprochant
des griefs argués dans l'acte d'accusation, une opinion nette sur la cause des malheureux événements de Baylen.

Il a reconnu, jusqu'à l'évidence, que si ces événements ont été causés par des fautes militaires,
ces fautes ne proviennent pas du fait du général
Dupont, qui a strictement obéi aux ordres envoyés
de Madrid, et dont toutes les mesures stratégiques
étaient combinées avec autant d'habileté que de
vigilance.

Il a vu, au contraire, que l'on doit en faire peser toute la responsabilité, d'une part, sur Murat, grand-duc de Berg, dont la précipitation à
prendre possession de Madrid a été la cause de
l'insurrection, et qui s'est empressé d'ordonner à
Dupont de marcher sur Cadix avec des forces trop
disproportionnées; de l'autre, sur le lieutenant de
l'Empereur, Savary, duc de Rovigo, dont les ordres ont contraint Dupont à rester sur la défensive à Andujar, malgré toutes ses demandes et ses

observations réitérées; et enfin sur le général Vedel, qui, en abandonnant sans défense, d'abord Mengibar, puis la ligne de communications d'Andujar à la Caroline par Baylen, contrairement aux ordres pressants qu'il avait reçus, puis en perdant à Guarraman un temps dont chaque minute était du plus haut prix, pendant que le canon de Baylen tonnait depuis plusieurs heures, a été la véritable cause de cette horrible catastrophe.

Ces faits ont été démontrés sur pièces. Nous n'insisterons donc pas davantage à cet égard. Mais il nous reste encore à examiner la capitulation en elle-même.

Et d'abord, afin de l'écarter complétement de la discussion, faisons de suite justice d'une fable que beaucoup d'historiens contemporains, et le public après eux, ont admise, sans l'examiner, quelque ridicule qu'elle soit. Nous voulons parler de celle que l'on a tant de fois répétée sur les FOURGONS innombrables de Dupont.

Remontons à son origine.

On a vu dans quel état d'exaspération et de fureur était toute la population de la Péninsule au départ de Dupont pour l'Andalousie, par suite de l'injuste agression des Français, et les horreurs qui avaient déjà été commises à cette époque dans les diverses provinces, même contre des Espagnols. On se souvient des cruautés atroces dont les blessés, les malades, les traînards de l'armée de Dupont avaient été victimes, et dont, afin d'abréger notre récit, nous avons omis un grand nombre. Il est donc facile de comprendre tous les regrets que les Espagnols furieux éprouvèrent en voyant entre leurs mains, après le Combat de Baylen, 16,000 Français dont le sang allait leur échapper (1).

D'autres, plus modérés, au nombre desquels était Morla, voyaient, tout au moins, avec douleur et indignation la capitulation qui allait rendre l'armée de Dupont à la France. Aussi s'empressa-t-on de former presque immédiatement le projet de la violer; et, dans ce but, l'on inventa à l'avance les prétextes les plus absurdes pour préparer et justifier cet acte infâme de déloyauté. On a pu en voir des exemples dans les articles de journaux et la lettre de Morla, que nous avons cités. Ainsi, tantôt on alléguait que *la capitulation de Dupont avait*

(1) Cette expression n'a rien d'exagéré. Pour en convaincre le lecteur, nous rapporterons le début d'un mémoire justificatif adressé par Morla à la nation espagnole, qui a été inséré en entier dans les *Mémoires d'un officier français prisonnier en Espagne* à cette époque (Paris, 1823) :

« Ayant reçu plusieurs lettres anonymes, datées de diffé-
« rentes villes d'Espagne et même de Madrid, par lesquelles
« on prétendait me convaincre qu'il était de mon honneur,
« comme de la justice et du bien de la nation, d'exterminer
« Dupont et les autres généraux français ; quelques-unes de ces
« lettres ajoutant même que cette sanglante exécution devait
« s'étendre sur tous les prisonniers, je crois de mon devoir de
« rendre publiques les raisons qui m'ont empéché d'accéder à
« des désirs aussi cruels, et qui m'ont déterminé à m'opposer
« vigoureusement à leur exécution, etc., etc. »

(Note de l'auteur.)

16.

garanti les propriétés des habitants de Madrid, et que cependant le prétendu roi Joseph continuait à piller cette ville. Tantôt l'on demandait *si l'on était tenu de garder la foi jurée vis-à-vis d'une armée entrée en Espagne sous le voile d'une alliance intime, et qui avait emprisonné le roi et la famille royale, succagé ses palais, assassiné et volé ses sujets, etc., etc. ?* Morla, allant plus loin, avait prétendu que la capitulation n'était pas sérieuse, et que Dupont et Castanos eux-mêmes n'avaient jamais cru à son exécution. Enfin, sans faire encore du butin que l'on disait avoir été emporté de Cordoue par l'armée, un argument contre l'exécution du traité, ce capitaine général y préludait cependant à la fin de sa lettre, en parlant avec affectation d'une somme de 2,180 livres tournois trouvée sur un soldat, *comme devant être un dangereux stimulant pour la populace.* Aussi, lorsque deux jours après la lettre de Morla, au moment de l'embarquement de l'état-major de Dupont au port Sainte-Marie, les Espagnols prétendirent qu'une patène et la coupe d'un calice étaient tombées de la valise d'un officier (1), et, sous ce prétexte, se

(1) Nous empruntons littéralement ce fait à l'histoire de Toréno. Les officiers français l'ont invariablement nié, et il a, en vérité, une analogie bien grande avec l'histoire de la coupe de Joseph. — Qu'y aurait-il d'étonnant, du reste, à ce que des vases sacrés se fussent trouvés dans les bagages de l'état-major? Les généraux n'étaient-ils pas accompagnés d'un grand nombre d'employés subalternes, de domestiques, et de beaucoup d'autres personnes dont, assurément, il serait ridicule

ruèrent sur les équipages, et dépouillèrent les généraux et officiers supérieurs de tout ce qu'ils possédaient, ceux-ci n'hésitèrent-ils point à penser que
ces scènes avaient été préparées par Morla, et tout
autorise à dire, en effet, que ses lettres en étaient
le véritable préambule. Quel meilleur prétexte aurait-on pu trouver, pour justifier aux yeux de la
fanatique Espagne la violation d'un traité garanti
sur l'honneur des armées espagnoles, que de dire
que les Français avaient les premiers violé la capitulation, puisqu'ils emportaient des vases sacrés
qu'ils étaient convenus de rendre! Quel texte fécond à toutes sortes de déclamations furibondes
contre l'armée française et son général en chef!

Aussi Morla ne tarda-t-il pas à tirer un parti
merveilleux de l'incident de Sainte-Marie, et ses
réponses violentes aux justes et énergiques réclamations de Dupont, qui le menaçait de la vengeance des armées françaises, furent insérées *in
extenso* dans les journaux espagnols et répandues
à profusion dans la Péninsule.

En même temps, ces feuilles publiques imprimaient des articles infâmes contre le général Dupont personnellement, comme représentant l'armée française. On avait pillé à Sainte-Marie, dans
les voitures et fourgons de l'état-major, des sommes assez considérables, puisque, indépendamment
de 80,000 fr. appartenant au trésor de l'armée, les

de vouloir garantir la moralité? Mais, quand le fait serait vrai,
que prouverait-il contre Dupont?   (*Note de l'auteur.*)

généraux et les nombreux officiers qui accompagnaient le général en chef devaient avoir encore dans leurs bagages tout au moins l'argent qu'ils avaient reçu à Cordoue à titre de gratification. La gazette espagnole de Madrid, du 9 octobre 1808, n° 121, publia l'article ci-après, extrait d'un journal de Cadix :

« Cadix, 19 août.

« On a versé dans la trésorerie les objets sui-
« vants qui ont été pris à Dupont :
« 600,000 piastres fortes en argent (320,000 fr.).
« 80,000 quadruples en or   (680,000 fr.).

« Beaucoup d'argenterie et de bijoux volés à Cor-
« doue et autres lieux.
« Le peuple n'a pas voulu qu'un prisonnier de
« guerre fût aussi riche. »

Alors même que ces faits eussent été vrais, et que la populace espagnole se fût montrée aussi désintéressée, c'était un raisonnement étrange que d'attribuer au général en chef la propriété de tout ce qui avait été trouvé dans les bagages de son état-major (1). Mais pour les Espagnols, l'armée

(1) Tous les équipages personnels de Dupont se composaient d'une calèche, d'un fourgon contenant ses effets et ceux de ses aides de camp, et d'un fourgon de cuisine ; tandis que, d'après le nombre des officiers généraux et supérieurs qui l'accompagnaient, ceux-ci devaient avoir avec eux tout au moins une trentaine de voitures ou fourgons. (*Note de l'auteur.*)

française, c'était Dupont ; et le but évident de ces articles mensongers, comme des lettres de Morla, était de noircir leurs ennemis pour rendre plus excusable un manque de foi vis-à-vis d'eux. Comment aurait-on pu supposer alors que ces lettres et ces journaux seraient devenus l'origine d'une accusation contre Dupont !!...

Et voilà pourtant quelle fut la première et la seule cause de toutes les calomnies qui se sont attachées depuis lors à la réputation de ce malheureux général !

Les lettres de Morla, l'article de journal que nous venons de citer, furent joints, par un ordre exprès de l'Empereur irrité, au dossier de l'affaire de Baylen ; l'habileté du grand procureur général près la Haute Cour impériale fit le reste.

Les Espagnols avaient reproché à Dupont d'avoir pillé et d'avoir voulu emporter avec lui son butin. Regnaud de Saint-Jean-d'Angely alla bien plus loin, et il découvrit ce que les Espagnols eux-mêmes auraient eu honte d'attribuer à leurs ennemis, c'est-à-dire, que c'était pour avoir employé la majeure partie de son armée à garder le fruit de ses pillages, que Dupont s'était laissé vaincre, et que c'était ensuite pour sauver son butin qu'il avait capitulé.

Voici l'échafaudage sur lequel le grand procureur général parvint à étayer peu à peu cette fable (1).

(1) Nous ne reproduirons pas ici les articles de l'acte d'ac-

Cordoue ayant été prise de vive force, avait été pillée; mais on a vu que Dupont avait pris les mesures les plus promptes et les plus sévères pour arrêter le pillage; il l'avait défendu sous peine de mort, et dès le lendemain il avait usé de tous les moyens en son pouvoir pour retrouver et faire restituer les objets qui avaient été pris. Les caisses publiques avaient été immédiatement mises en sûreté, et les fonds en provenant versés entre les mains du payeur général. Deux caisses appartenant

cusation relatifs aux fourgons, puisque nous les avons déjà cités en entier; mais nous croyons utile de mettre en ce moment sous les yeux du lecteur la partie du rapport du grand procureur général à l'Empereur, sur lequel l'accusation a été basée.

« Dupont a stipulé avec une attention honteuse la conserva-
« tion des bagages, surtout ceux des généraux.

« Et ces bagages, selon plus d'un témoignage, ont été si-
« gnalés le fruit du pillage d'une ville appartenant à votre au-
« guste frère.

« Et ces bagages étaient portés, *dit-on*, par huit cents char-
« riots, qui ont retardé la marche de l'armée le 18 et le 19,
« et qui ont exposé les troupes de Votre Majesté au malheur de
« se défendre par corps, par fraction, au lieu d'attaquer en
« division et en masse; au désavantage de combats successifs,
« propres à lasser le courage qui eût triomphé dans une ba-
« taille.

« Et ces bagages sont venus de Cordoue, où on impute au
« général Dupont d'avoir laissé derrière lui des malades qu'il
« aurait négligé d'emmener; et ces bagages l'ont suivi à An-
« dujar, d'Andujar à Jaën, et de Jaën au port Sainte-Marie, où
« les attendait le pillage d'une populace sans frein. »

(Note de l'auteur.)

à l'insurrection, découvertes plus tard, furent régulièrement employées en gratifications à l'armée et à des dépenses dans l'intérêt du pays lui-même ; enfin, aucune contribution extraordinaire ne fut imposée à la ville.

Tous ces faits étaient faciles à constater, en entendant les témoignages qu'invoquait Dupont, notamment les généraux Barbou et Laplane, le capitaine de vaisseau Daugier, l'ordonnateur Lacombe, les chefs de corps, et en faisant une enquête à Cordoue même, que nous occupions alors. Mais l'accusation jugeant tant de soins superflus pour s'éclairer, n'hésita pas à affirmer que le général en chef avait laissé le pillage se prolonger ; qu'il avait tardé trois jours à mettre les caisses publiques en sûreté, et que tous les fonds n'avaient pas été versés à la caisse du payeur général, donnant à penser ainsi que Dupont avait connivé au pillage, et qu'il en avait profité.

Dupont, en évacuant Cordoue, avait laissé dans cette ville, pour alléger sa marche, les gros équipages des corps, et prescrit la stricte exécution du règlement relatif aux voitures permises aux officiers de chaque grade ; cependant le train des équipages était encore très-nombreux en raison de l'immense personnel civil et militaire qui suivait l'armée, et de la nécessité où l'on était alors en Espagne de porter tout avec soi ; il s'était d'ailleurs encore accru, en quittant Andujar, du nombre de voitures nécessaires au transport de près de quinze cents malades. — L'accusation admit, sans examen, qu'en quittant Cordoue et Andujar et jusqu'à son arrivée à Sainte-Marie, l'armée de Dupont traînait après elle HUIT CENTS CHARIOTS (1), et que ces chariots étaient chargés du butin fait à Cordoue. — Ce fait exorbitant, dont on ne pourrait trouver d'exemple que dans les armées asiatiques, était facile à constater ou à détruire par l'audition de toutes les personnes appartenant à l'armée de Dupont qui étaient revenues en France, et dont ce général invoquait le témoignage. Mais le grand procureur général n'en a pas eu besoin, et il a préféré baser cette accusation sur un *on dit* (textuel).

L'ordre de marche adopté en partant d'Andujar avait été formé naturellement, de manière à pouvoir combattre en avant et en arrière; le parc d'artillerie, les équipages et les malades étaient au centre de la colonne, et la plus forte partie du corps d'armée avait dû être placée à l'arrière-garde, dans la crainte qu'elle ne fût suivie et attaquée par les divisions de Castanos que l'on avait laissées à Andujar; tandis que, dans l'ignorance où il était de la force de l'ennemi qui occupait Baylen, Dupont avait fait partir, deux heures avant le corps

(1) Quelques historiens, d'une conscience scrupuleuse, craignant sans doute que le procureur général, par ménagement pour Dupont, ne fût encore resté au-dessous de la vérité, ont affirmé que le nombre des fourgons de l'armée montait à *plus de douze cents*. (*Note de l'auteur.*)

d'armée, une faible avant-garde qu'il croyait suffisante pour ouvrir immédiatement le passage. De là, les diverses attaques partielles qui eurent lieu, et les différentes phases successives du combat, avant que tout le corps d'armée fût réuni. — L'accusation conclut de cet ordre de marche qu'il avait eu pour objet la conservation des huit cents fourgons, et que c'était leur immense file qui avait empêché Dupont de déployer à temps toutes ses forces, de manière à attaquer l'ennemi en masse.

Par suite du même système, le ministère public n'a pas hésité à admettre l'assertion absurde contenue dans un journal du général Privé (1), qui a prétendu que l'on aurait pu encore sauver l'armée, au moment de la trêve, en sacrifiant les bagages, et en appelant au combat plus de deux mille hommes qui étaient employés pour les garder ; tandis qu'en réalité Dupont n'avait pas alors en tout deux mille

(1) On a vu que le général de brigade Privé avait été laissé par Dupont, en Espagne, pour veiller aux intérêts des divisions Barbou et Frésia, et à l'exécution de la capitulation. Cette mesure était nécessaire, et le général Vedel choisit aussi un de ses officiers généraux pour remplir le même devoir dans l'intérêt de sa division et de celle de Dufour. — Il est probable que cette décision, contre laquelle le général Privé réclama vivement auprès du général en chef, ne contribua pas peu à l'aigrir contre Dupont, et l'engagea à adresser au ministre le journal qui contenait ces absurdités. Du reste, ce journal avait aussi pour objet de faire ressortir la part très-brillante que son auteur prétendait avoir prise à la bataille de Baylen, et qui lui est fortement contestée. *(Note de l'auteur.)*

hommes valides qu'il pût mettre en ligne, et que les bagages n'avaient eu d'autre garde, pendant le combat, que les convalescents, les hommes fatigués et les administrations, faits qu'il eût été bien facile de constater si on l'avait voulu.

Afin de donner satisfaction au fanatisme et à l'extrême irritation des Espagnols, et de prouver le respect des Français pour la religion catholique, le général Marescot avait consenti et rédigé lui-même un article de la capitulation, portant que les officiers français prendraient les mesures nécessaires pour découvrir les vases sacrés qui pouvaient avoir été enlevés par des soldats à l'assaut de Cordoue, et les rendre *s'ils existaient;* un autre article, rédigé dans le même but, avait stipulé que le général Chabert lui-même inspecterait les voitures qui suivaient l'armée et qui avaient été prises en Andalousie; mais en même temps, comme, si l'on pouvait sans honte reconnaître que des soldats et des valets d'armée avaient pillé, il eût été indigne d'en admettre même le soupçon pour des officiers, un autre article exemptait formellement de toute visite les bagages des officiers généraux et supérieurs, clause toute naturelle et dictée par le plus simple point d'honneur. Le général en chef était du reste complétement étranger à ces dispositions, puisque ce n'était pas lui qui avait rédigé la capitulation.

Le procureur général Regnaud vit dans les premiers articles une clause déshonorante pour l'ar-

mée, bien que la visite des sacs et équipages dût
être faite, non pas par les Espagnols, mais par les
officiers français, et quoique cette mesure ne fût
du reste que le renouvellement de celle prise par
Dupont lui-même après le pillage de Cordoue. Puis,
rapprochant ces deux articles du dernier cité, Regnaud y trouva la preuve que la conservation des
bagages de l'état-major avait été *un des motifs déterminants de la capitulation*, puisque Dupont n'avait
pas consenti à les laisser fouiller. Qu'aurait-il donc
dit, si les généraux français avaient eu l'indignité
de se soumettre à cet examen? C'est alors qu'il aurait pu affirmer, avec raison, que Dupont avait
signé une capitulation déshonorante !

Enfin, si l'accusation n'a pas précisément admis
les prétextes donnés par Morla et les journaux espagnols au pillage des bagages de l'état-major, et
par suite à la violation de la capitulation, elle a eu,
du moins, assez de confiance dans les auteurs de
ces mensonges pour dire que ces faits étaient *in-
diqués*, sinon *prouvés*.

Quels sont maintenant les témoignages ou les
pièces sur lesquels cette série de faits si graves est
établie? Il faut qu'ils aient été de bien peu de poids
pour que, d'une part, malgré son désir de trouver
un coupable, Regnaud de Saint-Jean-d'Angely ait
terminé son rapport par ces mots :

« Tous ces faits ne sont pas prouvés, mais tous
« sont articulés dans les pièces ; tous appellent un
« examen solennel ; plusieurs paraissent vrais. »

Et pour que, d'un autre côté, l'archichancelier

Cambacérès ait déclaré que cette partie de l'acte d'accusation n'était pas soumise à l'appréciation de la Commission d'enquête.

Peut-être, cependant, s'est-il trouvé quelque ennemi, quelque coaccusé de Dupont, quelque témoin timide ou complaisant, qui espéra se rendre le souverain indulgent ou favorable, en servant sa colère. Nous l'ignorons, car nous ne connaissons qu'une partie des interrogatoires et des autres pièces qui furent mises sous les yeux de la Commission d'enquête ; mais alors même que cela aurait été, quel cas pourrait-on faire de dénonciateurs secrets que l'on n'a pas osé mettre en face de l'accusé et dont on ne lui a pas même cité les noms ?

Dans l'état actuel des choses, la seule preuve de tous ces faits pour l'historien impartial, c'est qu'ils ont été énoncés dans un acte d'accusation sommaire. Or, un pareil acte, dressé surtout sous l'influence de la volonté impériale, a-t-il jamais dû suffire pour baser une opinion ?

Si le ministère public eût respecté son indépendance et la dignité de ses fonctions, les présomptions les plus sérieuses, les témoignages les plus graves et les plus concordants, auraient seuls dû le déterminer à articuler des faits aussi odieux contre un officier général placé dans la haute position de Dupont, et que ses glorieux antécédents devaient préserver d'une attaque aussi grave et aussi peu fondée. — Loin de là, il s'est borné à faire un commencement d'instruction dont il a reconnu lui-même l'insuffisance, et qui cependant lui a suffi pour servir de base à un acte d'accusation qui concluait à la PEINE DE MORT!!!

Nous pourrions nous arrêter ici, car puisque l'accusation n'est appuyée sur aucune preuve, les simples dénégations du prévenu devraient suffire pour la détruire. Mais nous irons plus loin, et nous prouverons qu'à moins qu'il n'eût été atteint de folie, Dupont ne peut s'être rendu coupable des crimes dont on l'accuse.

Il est malheureusement vrai que des guerriers qui ont illustré l'époque impériale, et qui étaient arrivés à l'apogée de leur carrière, n'ont pas été exempts de reproches sous le rapport de la délicatesse, et le pillage a été pour quelques-uns la source de fortunes scandaleuses. Mais si Dupont n'avait pas eu le désintéressement et le noble caractère que tous ses camarades lui reconnaissaient, dans la position où il se trouvait en Espagne, moins que dans toute autre, il aurait pu se livrer à une semblable rapacité. Que des officiers sous ses ordres n'aient pas été à l'abri de reproches de ce genre, et aient cédé à une vile cupidité lors de la prise de Cordoue, quelques personnes du corps d'armée de Dupont l'ont prétendu, tout en rendant la plus grande justice au général en chef, et sans l'admettre, nous ne voulons pas assurément, nous l'avons déjà dit, nous porter garant de la probité de toutes les personnes qui faisaient partie de son état-major.

Mais quant à Dupont, comment croire, sans le taxer de folie, qu'un général dont la réputation avait été jusqu'alors sans tache, et qui s'était si souvent trouvé en position de faire, s'il l'eût voulu, une immense fortune, ait commencé à exercer ses rapines dans un pays que l'Empereur considérait moins comme ennemi que comme insurgé, qu'il ordonnait de traiter avec les plus grands ménagements, et dont les autorités civiles et religieuses auraient pu, immédiatement après, adresser leurs plaintes au roi Joseph? Comment Dupont aurait-il osé le faire sous les yeux de tant de témoins, dont plusieurs, ses égaux en grade, devaient supporter avec impatience d'être commandés par un simple général de division? Mais le grade de maréchal de l'empire, qu'il était à la veille de recevoir, lui assurait à la fois dignités, fortune, richesses même, s'il en était si avide! C'était le but vers lequel devaient tendre toutes ses pensées! Et comment aurait-il voulu le compromettre? ne devait-il pas prévoir qu'une capitulation, quelque honorable qu'elle pût être, arrêterait tout au moins sa carrière, si elle ne la brisait pas; et quels trésors pouvaient alors valoir à ses yeux le bâton de maréchal qu'il voyait fuir à jamais! Il est donc évident que, pour obtenir la liberté de ses mouvements et la possibilité d'effectuer sa retraite, il eût mieux valu mille fois, dans son intérêt personnel, sacrifier non-seulement tous les trésors de Cordoue, s'ils eussent été en sa possession, mais encore tout ce qu'il possédait au monde.

Nous croirions, en vérité, faire tort à l'intelligence et à l'impartialité de nos lecteurs, si nous insistions davantage sur ce point, sur lequel nous nous sommes peut-être déjà trop longuement étendu.

En revanche, nous ne fatiguerons pas l'attention du lecteur en discutant l'accusation de trahison que renfermaient pourtant les conclusions du procureur général, et l'article 77 du Code pénal dont il demandait l'application. Dupont, le vainqueur de Pozzolo, d'Albeck, d'Haslach, de Halle, de Braunsberg! le brillant général de Friedland! Dupont, qui allait recevoir le bâton de maréchal! un traître!!! Et qui l'accuse-t-on d'avoir trahi? L'empereur Napoléon, en 1808! pour la Junte de Séville!!!... — Nous ne nous arrêterons pas davantage sur cette question. Il suffit de la poser pour que le bon sens public en fasse justice.

Mais il est un autre point qui mérite toute notre attention.

Presque tous les historiens contemporains ont répété que la Capitulation de Baylen était *honteuse* et *avilissante* et ont, en cela, partagé l'opinion émise par la Commission d'enquête.

Examinons si cette opinion est fondée.

Chez tous les peuples civilisés, les lois de la guerre ont admis que, lorsqu'une troupe est réduite à l'impuissance de se défendre, le chef qui la commande est autorisé à traiter avec l'ennemi. Une effusion de sang inutile et sans espoir de succès est un crime contre l'humanité et même contre l'honneur, car il n'y a de sang versé honorablement que celui qui doit acheter la victoire. C'est sur ce principe qu'est fondée la capitulation des garnisons. On a toujours respecté celles qui, après une belle défense, prolongée jusqu'à son dernier terme, avaient obtenu de l'ennemi un traité honorable, c'est-à-dire, qui leur accordait les honneurs de la guerre tout en les constituant prisonnières, et jamais l'on n'a dit qu'elles auraient dû chercher à se faire jour au dehors. Les lois militaires françaises sont, sous ce rapport, en harmonie complète avec l'opinion du monde entier.

Bien que l'on ait admiré l'héroïsme de quelques marins qui ont fait sauter leur bâtiment plutôt que de se rendre, on n'en a pas moins toujours cité avec honneur ceux qui, après une longue résistance et un combat sanglant, ont amené leur pavillon devant un ennemi supérieur en force, et cependant alors, ils se rendaient *sans condition*.

L'histoire de la guerre est remplie d'exemples de corps qui, entourés en campagne par des forces supérieures, ont été forcés de se rendre après s'être bien battus, parce qu'ils n'avaient plus aucun espoir de vaincre ou de recevoir des secours. Ce fait s'est surtout fréquemment renouvelé dans

les guerres de la Révolution et de l'Empire, et jamais les Français n'avaient eu la pensée de dire
qu'en se soumettant à cette dure nécessité leurs
ennemis s'étaient déshonorés. Napoléon lui-même,
au contraire, a toujours honoré, chez les vaincus,
le courage malheureux.

Aussi jusqu'en 1812, les lois militaires et l'opinion publique n'avaient jamais, même en France,
considéré un général comme coupable, par cela
seul que, se soumettant à une nécessité absolue, il
avait signé un traité avec l'ennemi. Cela est si vrai,
que l'Empereur lui-même, pour justifier sa conduite vis-à-vis du général Dupont, et changer la
loi militaire, fut obligé de rendre le décret du
1er mai 1812, dans lequel il déclara *déshonorante,*
criminelle et punissable de mort toute capitulation
faite en rase campagne, et dont le résultat aurait été
de faire poser les armes. Or, alors même qu'il serait
applicable au cas où s'est trouvé Dupont, et nous
prouverons qu'il ne l'est pas, le principe posé par
ce décret, en matière d'honneur militaire, doit-il
avoir un effet rétroactif sur l'opinion publique?
Ce serait, disons-le hautement, l'injustice la plus
criante. On doit juger la conduite de ce général
d'après les règles éternelles de l'équité et de l'honneur, et d'après les lois de la guerre, telles qu'elles
ont été universellement admises chez toutes les
nations; c'est ce que nous allons faire. Mais on ne
doit pas flétrir sa mémoire, parce que l'Empereur,
dans son désir d'exalter encore le sentiment de

l'honneur et de la gloire chez les Français, a créé *un crime nouveau.*

Nous ne reviendrons pas sur les détails contenus dans notre narration. On a vu que le malheureux Combat de Baylen lui-même, loin d'avoir terni les armes françaises, aurait dû être un nouveau titre de gloire pour le général Dupont et son corps d'armée, puisque après huit longues heures de marche, l'action avait été soutenue pendant dix heures avec la plus grande énergie par de jeunes conscrits épuisés par les privations, les fatigues, les maladies et la chaleur dévorante d'un soleil de juillet en Andalousie, contre des troupes fraîches, quatre fois supérieures en nombre, dont faisait partie l'élite de l'armée espagnole ; et qui pourtant eussent été infailliblement détruites, si, comme il le pouvait, comme il le devait, le général Vedel fût arrivé sur le champ de bataille quelques heures plus tôt. — Dupont a pris des canons, des drapeaux : plusieurs de ses généraux et chefs de corps, un nombre énorme d'officiers, et plus du quart de ses soldats sont restés étendus, morts ou blessés, sur le lieu de l'engagement ; lui-même a reçu une blessure douloureuse. A moins d'exiger qu'il se fît massacrer avec les derniers hommes de sa division, que peut-on demander de plus à un général et à de braves soldats pour sauver leur honneur ? Il n'est pas de garnison, il n'est pas d'équipage de vaisseau de guerre qui puisse se comporter plus vaillamment, et, osons le dire, succomber avec plus de gloire. — Ajoutons que ces faits ne sont ni contestés ni contestables ; qu'ils ont été reconnus par la déclaration des officiers généraux ou chefs de corps réunis en conseil de guerre, et que les généraux ennemis eux-mêmes, ont, dans le préambule de la capitulation, rendu le plus éclatant hommage à la bravoure de l'armée de Dupont. — L'honneur, pendant le combat, est donc sauf. C'est un fait hors de discussion.

Mais après tant d'efforts, quel était l'état du corps de Dupont. Si le lecteur a suivi notre narration, il verra : qu'après trois attaques successives, qui toutes avaient été repoussées, malgré des prodiges de valeur, il n'y avait plus en ligne, contre vingt mille Espagnols, que trois mille hommes au plus, épuisés par la fatigue, la chaleur, les privations ; que la plupart des compagnies étaient commandées par des sous-officiers ; que presque toute l'artillerie était démontée, et que les Français ne se soutenaient plus qu'à la faveur de quelques pièces d'artillerie qui leur restaient et des bois d'oliviers qui masquaient à leurs ennemis leur état critique.

D'un autre côté, ne pouvant plus vaincre, quelle possibilité restait-il à Dupont d'échapper à l'ennemi ? En face, le corps de Reding occupait des positions que dix heures de combat n'avaient pu lui faire perdre ; sur les flancs, des montagnes boisées fort difficiles, garnies de nombreux tirailleurs ennemis, et qui, ainsi que l'ont déclaré les généraux réunis en conseil de guerre, *ne permettaient aucun passage*; derrière, le canon de La Pena, qui annonçait l'arrivée immédiate d'un nouveau corps espagnol fort de dix-huit mille hommes!

Dans une situation si pénible, que pouvait faire Dupont? Devait-il, comme on l'a prétendu après coup, prendre conseil du désespoir, abandonner ses bagages (1), charger en masse avec ce qui lui restait d'hommes valides et faire une trouée sur la droite de l'ennemi? Certes, si une idée pareille eût été exécutable et eût pu sauver son armée, elle fût venue à la pensée du général dont nous avons retracé l'audace au passage du Mincio, au pont de Halle, aux combats d'Albeck, à la bataille de Friedland! Mais pour prendre ce parti, il fallait d'abord se résoudre, non-seulement à abandonner les bagages, mais encore l'artillerie; livrer à la férocité des Espagnols les administrations, les malades, les blessés, les hommes fatigués qui n'auraient pas pu suivre le mouvement, c'est-à-dire, les trois quarts du corps d'armée. Puis, en admettant qu'une trouée eût réussi, pour sauver ce qui fût resté d'hommes après un aussi terrible effort, il eût fallu encore

---

(1) Encore un mot sur ces bagages. — Si une trouée eût été praticable, si l'on eût pu tenter de passer par les montagnes, qui eût empêché de charger ces prétendus trésors sur des mulets ou des chevaux de trait qui auraient bien suivi les mouvements de la cavalerie? Il ne faut certainement pas un grand nombre de bêtes de somme pour porter des valeurs énormes en or, en argent, en bijoux, en vases sacrés, et il n'était pas nécessaire pour cela de huit cents fourgons!

(*Note de l'auteur.*)

combattre en marchant pendant deux ou trois heures au moins avant de rejoindre Vedel, que l'on devait même alors croire bien plus éloigné, puisque le bruit du canon qui avait tonné pendant dix heures consécutives ne l'avait pas fait accourir. Or, un semblable coup de tête eût-il été digne d'un général en chef?

Quel parti restait-il donc à prendre au général Dupont?

A-t-on pu réellement, de bonne foi, comparer sa position à celle d'un général entouré *en rase campagne* (1) par des forces supérieures? Quant à nous, nous pensons qu'elle pouvait bien plus justement être assimilée à celle de troupes enfermées dans des lignes, au moment d'être forcées, et attendant un dernier assaut. En demandant une trêve et le passage de son corps par Baylen, pour se retirer sur Madrid, Dupont a donc évidemment cédé à la nécessité la plus impérieuse, la mieux constatée; il ne lui restait donc pas d'autre moyen de sauver ses braves soldats d'une destruction complète. Dupont a donc fait son devoir!

De même, lorsque, le lendemain, le général en chef se décida à charger Chabert de ses pleins pouvoirs pour traiter avec Castanos, ce ne fut que sous l'empire de la nécessité la plus absolue, après avoir vainement fait tous les efforts possibles pour

(1) *Rase campagne.* — Campagne fort plate, fort unie, et qui n'est coupée ni d'éminences, ni de vallées, ni de bois, ni de rivières. *Les deux armées se battirent en rase campagne*, etc. Dictionnaire de l'Académie, t. II, p. 570. (*Note de l'auteur.*)

relever le courage de ses jeunes troupes qui, par
suite de la fatigue, de la soif, du défaut de nourriture, et du découragement, étaient bien plus
épuisées et démoralisées encore que la veille. Qu'on
se reporte au tableau que nous avons tracé de l'état
de la division Barbou, le lendemain et le surlen-
demain du combat, et l'on ne conservera aucun
doute à cet égard. Quoi de plus positif, du reste,
que l'opinion émise par les officiers généraux et
chefs de corps? Dira-t-on que Barbou, Rouyer,
Frésia, Faultrier, Schramm, Chabert, Dabadie,
Freuler, Delenne, Teulet, Estève, étaient des lâches
ou des insensés, parce qu'ils ont signé cet acte?
Mais l'Empereur lui-même, qui s'est montré si sévère pour Dupont, ne l'a pas pensé; car, à l'exception de Chabert, il n'est pas un seul d'entre eux
qui ait été mis en disgrâce!

Alléguera-t-on que Vedel avait proposé à Dupont
de reprendre le combat? Mais comment le général
Vedel pouvait-il mieux apprécier l'état de la division Barbou et les efforts dont elle était capable,
que ces généraux eux-mêmes? D'ailleurs, nous
l'avons déjà dit, si Dupont était parvenu à faire
reprendre les armes à quelques débris de son corps,
que serait-il résulté d'une attaque simultanée, faite
par Vedel et lui? Dès que La Pena, qui épiait les
moindres mouvements de Dupont, et dont, dès le
matin du 20, les troupes étaient sous les armes,
eût vu quelques dispositions d'attaque, se mettant
lui-même en marche, il aurait, en passant, écrasé
avec ses dix-huit mille hommes les restes de la di-

vision Barbou, qui n'auraient présenté presque aucune résistance, et Vedel aurait eu immédiatement à combattre les deux corps espagnols qui, formant alors ensemble près de quarante mille hommes, eussent été plus de quatre fois supérieurs à ses propres troupes.

Ajoutons encore que, lorsque Dupont s'est décidé à charger Chabert de ses pouvoirs, ce n'est qu'à la dernière extrémité et peu d'instants avant le moment où La Pena avait déclaré qu'il attaquerait, s'il n'avait pas de réponse, et qu'il ne ferait pas de quartier.

Ainsi, en tout état de cause, les divisions Barbou et Frésia étaient inévitablement perdues, et un traité seul pouvait les sauver d'une destruction imminente. Il était donc indispensable de stipuler au moins pour elles; car Dupont ne pouvait pas, par un barbare et faux point d'honneur, laisser froidement égorger plusieurs milliers de braves dont l'honneur avait été mis à couvert par la résistance la plus glorieuse, et qui ne pouvaient plus tenir leurs armes.

Or, dans une position semblable, quelles conditions pouvait-on espérer obtenir de Castanos, en traitant pour les divisions Barbou et Frésia seules? A moins qu'on ne soutienne que des troupes ne doivent jamais capituler que renfermées dans des murs, il faut reconnaître qu'une capitulation, qui, comme celle de Baylen, eût rendu une éclatante justice à la bravoure de ces divisions et leur eût accordé les honneurs de la guerre, alors même qu'elle les eût constituées purement et simplement prisonnières de guerre, aurait été néanmoins encore, en ce cas, honorable et exempte de tout reproche. Si nous nous sommes bien fait comprendre, ce point doit être hors de doute.

Mais, dira-t-on, Dupont n'a pas traité pour les divisions Barbou et Frésia seules; il a compris dans la capitulation les divisions Vedel et Dufour qui étaient libres et qui pouvaient encore opérer leur retraite sur Madrid!—Cet argument est sérieux, mais nous pensons pourtant qu'il est facile d'y répondre.

Dupont a constamment soutenu, ainsi que nous l'avons déjà dit, que, tout en donnant carte blanche au général Chabert, il lui avait formellement recommandé de ne comprendre le corps du général Vedel dans le traité, qu'autant qu'il pourrait obtenir la retraite de l'armée entière sur Madrid; qu'il lui avait renouvelé cette recommandation pendant la négociation, et qu'en agissant autrement, le général Chabert avait commis une faute grave. — En effet, bien loin d'avoir voulu enchaîner le corps du général Vedel au sort de la division Barbou, c'était par les ordres de Dupont que ce corps était parti dans la soirée du 20, pour commencer sa retraite sur Madrid. D'un autre côté, nous avons vu que lorsqu'il eut connaissance, le 21 au matin, des nouvelles bases adoptées pour le traité, Dupont, ne pouvant plus imposer à l'ennemi par la présence du corps de Vedel, était moins que jamais en position de pouvoir les écarter et recommencer à nouveau la négociation. Enfin, quand il envoya le même jour à Vedel l'ordre de s'arrêter dans sa marche, cet ordre ne put lui être arraché que par la terrible menace d'égorger les divisions Barbou et Frésia, menace que les Espagnols auraient, on ne peut en douter, exécutée dans toute son atrocité.

Nous pourrions donc faire valoir ces divers arguments pour rejeter la première faute, s'il y en a une, sur le général Chabert, et prouver ensuite que Dupont n'a obéi qu'à la nécessité la plus malheureuse et la plus absolue.

Nous faisons plus, nous disons que le général Chabert a eu complétement raison, et que si le traité s'était loyalement exécuté, non-seulement il eût été avantageux, mais qu'on eût reconnu l'habileté du négociateur.

Mettons-nous un moment dans la position difficile de cet officier général.

Castanos, ayant entre les mains la lettre du duc de Rovigo, ne veut plus accorder le retour sur Madrid, et exige impérativement que les divisions Barbou et Frésia se rendent *à discrétion.* — Ainsi, de manière ou d'autre, la moitié de l'armée est perdue; et que deviendra l'autre moitié, poursuivie par une armée victorieuse tellement supérieure en nombre? Elle sera exposée à trouver les gorges de la Sierra-Morena coupées par l'ennemi, et elle manquera de vivres. Rien n'était donc plus difficile, plus problématique que sa retraite.

Mais il s'offre un moyen de l'assurer! Au lieu de retourner sur Madrid, comme on l'avait demandé, le corps de Vedel rentrera en France par mer, avec ses armes et son artillerie, qui lui seront remises au moment de l'embarquement; à ce prix, les divisions Barbou et Frésia seront également conservées à la patrie, et au lieu de se rendre à discrétion, elles ne seront prisonnières que pour quelques jours seulement. Le corps d'armée tout entier pourra donc rentrer en campagne dans six semaines au plus, et revenir dans la Péninsule pour venger sa défaite sur les Espagnols.

Comment Chabert, comment Dupont lui-même, auraient-ils pu hésiter un seul instant à accepter ces propositions? Comment le négociateur et le général en chef auraient-ils pu préférer laisser consommer irrévocablement le sacrifice de deux divisions, dans un espoir aussi incertain de sauver les deux autres? Qu'y avait-il d'ailleurs de honteux dans ces conditions? En quoi flétrissaient-elles l'honneur de l'armée de Dupont? Nous ne pouvons le comprendre; car, dès l'instant où il est démontré que les divisions Barbou et Frésia pouvaient, sans déshonneur, se rendre prisonnières de guerre d'une manière absolue, il est absurde de dire que la capitulation est déshonorante, parce que l'on a traité à des conditions infiniment meilleures.

Il faut le reconnaître, ce qui a causé le malheur

de Dupont, c'est uniquement la violation du traité. On a jugé la Capitulation de Baylen, non pas
sur son texte, mais sur sa non-exécution; non
pas sur les conséquences qu'elle devait avoir, mais
sur celles qu'elle a eues. En cela, le public a agi
ainsi que l'archichancelier Cambacérès le demandait à la Commission d'enquête, et comme cette
Commission l'a fait réellement elle-même. Or, est-ce
là de l'équité? Comment Dupont pouvait-il mettre
en doute un seul moment cette vieille loyauté cas-
tillane, proverbiale depuis tant de siècles? Comment peut-on lui faire un crime d'y avoir cru et
de s'être laissé tromper par une perfidie inouïe,
jusqu'alors, dans les fastes de la guerre?

Répétons-le donc, sans crainte d'être démenti:
si la Capitulation de Baylen avait été exécutée, si,
deux mois après leur défaite, les troupes de Dupont avaient été mises à même de prendre leur
revanche sur les Espagnols, l'Empereur eût sans
doute toujours déploré ce revers, mais il eût reconnu que Murat, Savary et Vedel en étaient seuls
cause, et il n'eût pas manqué de rendre justice à
la bravoure de Dupont et même au talent des négociateurs.

Victime des injustes rigueurs du pouvoir impérial, le général Dupont resta pendant quatorze mois enfermé au fort de Joux, où sa jeune femme était venue, comme à l'Abbaye, partager sa captivité.

Transféré ensuite à la citadelle de Doullens, il fut, au bout de neuf autres mois, envoyé en surveillance à Dreux, et il résidait dans cette ville, lorsque, à la suite des événements de 1814, l'Empereur Napoléon signa son abdication de Fontainebleau.

A la fin du mois de mars, le Gouvernement Provisoire invita Dupont à venir prendre le portefeuille de la guerre, comme commissaire de ce département.

Le général n'avait aucune raison de refuser son adhésion et ses services à la cause royale. Il se souvint de la décoration de Saint-Louis dont l'infortuné Louis XVI avait honoré sa jeunesse, par faveur exceptionnelle, et il embrassa avec chaleur le parti de la Restauration, qui, ainsi qu'à tous les esprits calmes et sans passions, lui paraissait alors devoir mettre un terme nécessaire à ces moissons de braves que le régime impérial avait entassées l'une sur l'autre, et qui avaient à un si haut degré épuisé la France.

Le 13 mai, le roi Louis XVIII, confirmant le choix du Gouvernement Provisoire, confia le portefeuille de la guerre au lieutenant général comte Dupont, qu'il accueillit avec ces flatteuses paroles : « *Je connais votre gloire et vos malheurs ; vous avez cédé en Espagne à des forces supérieures , mais je ne vous en estime pas moins.* » Le roi lui rendit en même temps ses grades, titres, décorations et majorat.

Pendant son ministère, qui, au début surtout, offrit un champ de difficultés incommensurables, le général fut toujours néanmoins le même, modeste, sans ambition personnelle, faisant le bien pour le bien , sans s'inquiéter de paraître et d'être ou non approuvé. Il avait à satisfaire à cette époque à d'innombrables exigences, et il dut faire face à une foule de réclamations. Il se flatta d'y réussir en y consacrant ses jours et ses nuits, en creusant les difficultés pour écarter les unes et faire cesser les autres.

Tous ceux qui rentraient avec les princes ou à leur suite, les restes de l'armée de Condé, les Vendéens qui avaient survécu aux chances de la guerre civile ; les magistrats même, qui, dans l'émigration, avaient pendant quelques mois porté la cocarde blanche, tous avaient soif de grâces et d'honneurs militaires, et la Cour, malheureusement, ne pouvait s'empêcher d'avoir quelque penchant pour des prétentions qui, vis-à-vis d'elle, semblaient d'une entière justice.

Des grades honorifiques et des décorations furent accordés, par le ministre, à un grand nombre de réclamants; mais il fut avare des emplois actifs, qu'il réserva de préférence à l'armée; car c'était toujours elle, quoiqu'on ait voulu faire croire le contraire, qui faisait sa réelle et continuelle préoccupation.

Dans la création de la Maison du roi, qu'il n'était pas en son pouvoir d'empêcher, et à l'organisation de laquelle Dupont voulut cependant prendre part, quoiqu'elle regardât plus spécialement le ministre de la Maison du roi, afin d'y mêler et d'y défendre les intérêts de l'armée, il établit que les simples gardes, qui avaient rang de lieutenant en entrant dans le corps, pourraient passer dans la cavalerie de l'armée, avec un grade supérieur à celui qu'on recevait en entrant dans les compagnies des gardes, mais seulement au bout de dix ans de service dans leur compagnie, comme en fait foi l'article 10 de l'ordonnance du 15 juin 1814. Malheureusement, ces dispositions furent changées sous un de ses successeurs, et il en résulta, à la suppression de la Maison rouge et ultérieurement, l'introduction dans l'armée d'une foule d'officiers qui n'avaient pas servi.

Quel dut être le chagrin de Dupont, qui avait quitté le ministère plein de confiance dans les dispositions justes et équitables qu'il avait établies, lorsqu'il vit paraître, plus tard, l'ordonnance (1) qui

(1) Voir l'ordonnance de licenciement de la Maison rouge et d'organisation d'une garde royale. (*Note de l'auteur.*)

dénaturait son ouvrage; et quelle douleur plus grande encore n'éprouva-t-il pas lorsqu'il vit l'esprit de parti lui attribuer cet énorme passe-droit fait à l'armée pour laquelle son cœur, du fond de ses prisons, comme au milieu des honneurs du pouvoir, n'avait jamais cessé de battre avec une noble sympathie!

Désigné comme ennemi de Napoléon par les impérialistes, on oublia trop facilement les réels et difficiles services que Dupont avait rendus pendant son ministère; on ne lui sut pas gré, comme on l'aurait dû, de la fermeté qu'il avait mise, dans le Conseil du roi, à faire maintenir l'ordre de la Légion d'honneur, qu'on voulait fondre avec l'ordre de Saint-Louis, au mépris de la déclaration de Saint-Ouen; ni de l'empressement avec lequel il avait fait approuver par Louis XVIII la multitude de décorations que l'Empereur Napoléon avait accordées dans ses adieux de Fontainebleau; ni de ses efforts pour forcer les royalistes à recevoir et ambitionner, comme une faveur, cette décoration de la Légion d'honneur qu'il était fier lui-même de porter; on se contenta de dire qu'il n'avait pas donné, mais bien semé les croix, et qu'il en avait inondé la France.

On oublia les efforts qu'il avait eus à faire pour conserver la garde impériale avec ses avantages et ses prérogatives, sous le nom de grenadiers et chasseurs royaux; les commandements qu'il avait fait donner aux maréchaux et principaux chefs de l'armée les plus favorisés par l'Empereur, et même

à ceux dont personnellement il avait tant à se plaindre (1), et beaucoup d'autres mesures importantes
qui avaient pour but de rattacher l'armée à la Restauration, et de réparer des actes rigoureux du
Gouvernement impérial. Pour toute récompense,
il ne reçut de la part de beaucoup de gens, de l'un
et de l'autre parti, que récriminations et reproches injustes. C'est ainsi que le fanatisme, de
quelque part qu'il vienne, gâte, aigrit et dénatu-
ture jusqu'aux faveurs répandues par l'homme de
bien.

Le général Dupont ayant conclu les marchés
des vivres de la guerre avec le sieur Doumerc, fut
attaqué devant la Chambre des députés par le sieur
Hellot, qui était alors en concurrence avec le four-
nisseur pour les obtenir. Dupont de l'Eure et Dur-
bach s'efforcèrent non-seulement d'attirer l'attention de la Chambre sur cette dénonciation, mais
encore de la lui rendre favorable. Une commission
ayant été nommée pour l'examiner, fit un rapport
qui rendit pleine justice au ministre ; et la Chambre, après une courte discussion, passa à l'ordre du
jour à la presque unanimité (2).

Remplacé en décembre 1814 par le maréchal

(1) Dupont avait fait donner au général Vedel une inspec-
tion générale, ainsi que la croix de Saint-Louis.

(2) Voir le *Moniteur* du 14 octobre 1814. Le sieur Hellot,
compatriote de Dupont de l'Eure, avait déjà vu ses soumis-
sions rejetées sous l'Empire, par le ministre Dejean.

(Notes de l'auteur.)

18.

Soult, le lieutenant général comte Dupont fut nommé gouverneur de la vingt-deuxième division militaire, et reçut en même temps le cordon de commandeur de l'ordre royal de Saint-Louis.

Après le 20 mars 1815, exilé à quarante lieues de Paris, comme tous les ministres de Louis XVIII, le général Dupont se retira à Doullens, où il avait laissé des amis, et il resta dans cette ville jusqu'au retour de ce prince.

A l'époque de la seconde Restauration, le roi nomma le comte Dupont membre de son Conseil privé ; mais le général ne toucha jamais le traitement attaché à cette haute fonction. Plus tard, en 1821, il reçut la grand-croix de l'ordre de Saint-Louis.

Au mois de septembre 1815, élu membre de la Chambre des députés par le département de la Charente, le comte Dupont, honoré sans interruption des suffrages de ses concitoyens, siégea pendant quinze ans sur les bancs de l'Assemblée législative, et il exerça ces fonctions jusqu'au ministère du prince de Polignac, en 1830, époque à laquelle il y renonça et refusa d'aller présider le Collége électoral de la Charente.

Dans les différentes sessions législatives, Dupont prit constamment sa place au centre et apporta sans relâche au Gouvernement les conseils éclairés de son expérience. Peu soucieux des succès de tribune, il présenta cependant, en 1817, un projet d'organisation de l'armée, qui faillit renverser celui du ministère. Il réclama plusieurs fois, au nom des membres de la Légion d'honneur, le payement de leur arriéré, en exceptant toutefois, de cet acte de justice, les hauts dignitaires de l'ordre, dont il était un des premiers. Il entreprit de modifier, par plusieurs amendements, la loi de recrutement proposée par le maréchal Gouvion Saint-Cyr, et traita avec talent la question relative aux servitudes imposées à la propriété particulière pour la défense de l'État. En 1818, il avait été porté sur la liste des cinq candidats présentés à la présidence.

Rentré dans la vie intime, le général Dupont suivit paisiblement le cours des événements, fort de sa conscience et de l'estime de tous ceux qui le connaissaient, ne s'inquiétant pas si la passion se déchaînait ou non contre lui ou contre ses actes, et dédaignant beaucoup trop ses attaques lorsqu'elles parvenaient à sa connaissance.

Il vivait dans la retraite, entièrement livré à des travaux littéraires qui, depuis sa sortie des affaires, étaient devenus son unique occupation, lorsque la mort vint le surprendre, le 9 mars 1840, dans sa soixante-quinzième année, et trancha cette longue carrière pleine de gloire, de malheurs, de services rendus au pays et de vertus publiques et privées (1).

(1) Le 12 mars 1840, les obsèques de M. le lieutenant général comte Dupont ont eu lieu en l'église Saint-Philippe du

Dans les dernières années de sa vie, le comte Dupont s'occupait de coordonner ses notes pour en faire un corps de mémoires ; mais il n'eut pas le temps d'en terminer le classement, et il légua ce travail à son fils, objet de toute sa tendresse et de tout son orgueil. L'impitoyable mort vint frapper ce dernier, à son tour, au mois de mai 1843, sans qu'il ait pu achever lui-même cette pieuse tâche (1).

Habile littérateur, et non moins remarquable poëte, le général Dupont a laissé un *Poëme de l'Art de la guerre*, justement apprécié des connaisseurs

Roule, avec la solennité due à son rang. On remarquait à son convoi M. le maréchal Oudinot, les généraux Reille, Ricard, de Caux, Excelmans, Meynadier, d'Astorg ; un grand nombre de pairs de France, de députés et de notabilités dans les sciences, la littérature et les arts.

Les quatre coins du poêle étaient tenus par les lieutenants généraux Marchand, Meunier, Barrois et Ricci.

Le général Marchand a prononcé, sur le cercueil, un discours dans lequel il a retracé la carrière militaire du défunt et rendu un éclatant hommage à ses talents divers et à ses vertus publiques et privées.   (*Extrait du Moniteur universel.*)

(1) Nous avons appris que la veuve du lieutenant général comte Dupont s'occupait d'écrire en ce moment ses propres mémoires, qu'elle a l'intention de réunir à ceux de son mari. Le bruit court qu'ils ne tarderont pas à paraître. Cette publication jettera, sans doute, une vive lumière sur bien des points auxquels la nécessité où nous étions de restreindre notre travail ne nous a pas permis de donner autant d'extension que nous l'eussions désiré, et en particulier sur la Campagne d'Andalousie en 1808, et sur la Capitulation de Baylen.
                              (*Note de l'auteur.*)

et des militaires à la fois; cet ouvrage parut en
1839. En 1836, il avait publié une traduction en
vers français des *Odes d'Horace*. Il avait écrit, à
différents intervalles, beaucoup d'odes qui témoi-
gnent d'un mérite distingué; une traduction des
Églogues de Virgile et un *Poëme sur la Chasse*,
ainsi que des fragments de tragédies qui sont restés inédits.

Il avait fait imprimer, en 1823, une *Lettre sur
l'Espagne en 1808, à M. le comte Daugier*, et en
1827, ses *Observations sur l'Histoire de France,
par M. l'abbé de Montgaillard*, au sujet des événements de Baylen.

Et maintenant que nous avons terminé cette
ébauche, tout incomplète qu'elle soit, de la vie
d'un des plus illustres officiers généraux dont
la France puisse s'enorgueillir; maintenant que
nous avons effacé un peu de cette poudre qui ter-
nissait l'éclat d'une belle renommée, placé quelques jalons sur la route à peine frayée que de
plus habiles que nous déblayeront sans doute,
nous nous reposerons avec confiance et fermeté.

Nous avons livré au public le fruit de recherches et d'études pénibles et ardues, entreprises
au milieu d'un chaos qui nous a bien souvent
barré le passage, et nous n'avons pas la prétention d'avoir achevé notre tableau.

Bien des documents nous ont manqué, bien des
matériaux sont encore attendus pour compléter

une œuvre plus importante sur un des points les plus obscurs de l'Histoire de l'Empire ; mais, quelque peu dégrossie qu'elle soit, cette première pierre apportée par nous servira peut-être de base à tout un édifice (1).

E. SAINT-MAURICE CABANY.

(1) Beaucoup de militaires nous ont témoigné leur surprise de ce que le nom du général Dupont ne figurait pas sur l'Arc de triomphe de l'Étoile, ce dernier et glorieux rendez-vous de tous ces braves guerriers qui ont si généreusement versé leur sang pour la défense du pays ; ce sublime édifice que le génie de Napoléon avait résolu de consacrer à la mémoire des héroïques généraux et soldats qui l'ont suivi dans les immortelles campagnes de la République et de l'Empire. Sans doute on doit savoir gré au Gouvernement de juillet 1830 d'avoir achevé la pensée du grand homme ; mais n'eût-il pas été rigoureusement juste d'inscrire sur la pierre le nom d'un habile et célèbre général, dont la gloire et la réputation militaire étaient sans tache avant la désastreuse Capitulation de Baylen, que nous croyons avoir réhabilitée aux yeux de la postérité et de l'histoire ? L'absence du nom du comte Dupont sur l'Arc de triomphe de l'Étoile est donc inexplicable, et nous nous empressons d'accueillir la protestation d'une foule d'officiers qui ont servi sous ses ordres, et qui déplorent, comme nous, l'injustice dont cet illustre chef a été victime.

Pourtant, les victoires remportées par Dupont sur les ennemis de la France ont été fidèlement burinées sur le monument impérissable, et nous avons la conviction que l'Empereur lui-même, s'il lui avait été donné de l'achever sous son règne, bien loin d'ordonner une exclusion si peu méritée, qu'il ne se serait pas cru le droit de prononcer, aurait, au contraire, noblement reconnu les services de Dupont, en ordonnant d'y graver le nom de ce général.

Nous n'avons pas voulu ajouter quelques pages de plus à notre travail, car, pour nous, cette question, si éminemment nationale pourtant, n'était pas la plus importante, et elle eût d'ailleurs demandé trop de développements; mais nous nous proposons de traiter bientôt ce sujet relativement à une exclusion du même genre, et non moins extraordinaire, dans une *deuxième Étude historique*, dont nous nous occupons en ce moment, et qui sera mise incessamment sous presse.

(*Note de l'auteur.*)

FIN.

TABLE DES MATIÈRES.

AVERTISSEMENT..................................... Page 5

INTRODUCTION..................................... 7

NOTICE HISTORIQUE ET BIOGRAPHIQUE SUR LE LIEUTENANT GÉNÉRAL COMTE PIERRE DUPONT. — Avant-propos. — 1765. Naissance de Dupont; sa famille. — Ses premières années. — Son éducation. — 1787. Dupont sous-lieutenant d'artillerie en Hollande. — 1791. Dupont, capitaine d'infanterie. — 1792. Dupont, aide de camp du général Théobald Dillon. — Déroute de Tournay. — Mort de Théobald Dillon et mort présumée de Dupont. — La nouvelle de l'existence de Dupont est annoncée à l'Assemblée nationale. — Dupont vient à Paris, et se présente à la barre de l'Assemblée nationale. — Il reçoit la croix de Saint-Louis des mains de Louis XVI. — Dupont, aide de camp du général Arthur Dillon. — BATAILLE DE VALMY. — Combat de la forêt de l'Argonne. — Passage des Islettes. — Dupont nommé adjudant général. — 1793. Combat de Menin. — Dupont promu général de brigade. — 1795. Carnot confie à Dupont la direction du cabinet topographique. — 1796. Dupont élevé au grade de général de division. — 1797. Il obtient au concours de l'Institut la première mention honorable pour son *Ode sur la Liberté*. — 1799. Dupont, nommé directeur du dépôt de la guerre, est chargé de l'intérim du portefeuille de la guerre pendant les journées de la Révolution des 18 et 19 brumaire. — 1800. Il est choisi par le Premier Consul Bonaparte pour remplir les fonctions de chef d'état-major général de l'armée de réserve. — Passage du mont Saint-Bernard. — CAMPAGNE D'ITALIE ET BATAILLE DE MARENGO. — Dupont traite avec le général autrichien Mélas, surveille l'exécution de la négociation et rédige la capitulation. — Dupont est investi du Gouvernement général du Piémont. — 1801. Dupont prend le commandement de l'aile droite de l'armée d'Italie, entre en Toscane, détruit l'armée de

Sommariva et occupe Florence. — BATAILLE DE POZZOLO OU DU MINCIO. — Narration détaillée de cette journée. — 1804. Dupont est fait grand officier de la Légion d'honneur. — CAMPAGNE D'AUTRICHE. — Combat d'Haslack. — Prise d'Ulm. — Combats d'Albeck. — Combat de Diernstein. — Dupont prend, au nom du prince Murat, possession du grand-duché de Berg. — 1806. CAMPAGNE DE PRUSSE. — Prise de Halle. — L'Empereur fait l'éloge de la bravoure de Dupont. — Nossentein. — Prise de Lubeck. — 1807. CAMPAGNE DE POLOGNE. — Combat de Mohrungen. — Combat de Braunsberg. — BATAILLE DE FRIEDLAND. — Paroles flatteuses de Napoléon au général Dupont. — Dupont est créé grand cordon de la Légion d'honneur............Page 11

1807. — SITUATION DE L'ESPAGNE EN 1806 ET 1807. — Dupont prend le commandement du *Deuxième corps d'observation de la Gironde*. — Opinions du duc de Rovigo, du colonel Napier et du comte de Toréno sur la composition du corps d'armée de Dupont. — Dupont entre en Espagne et établit son quartier général à Valladolid. — Opinion du général Foy sur le lieutenant général Dupont. — 1808. Dupont se rend à Tolède. — Il est créé comte de l'empire. — Lettre de Napoléon contenant ses instructions au grand-duc de Berg, généralissime des troupes françaises en Espagne. — Insurrection de Madrid. — Abdication du roi Charles IV. — Joseph Bonaparte élu roi d'Espagne et des Indes. — Soulèvement général de l'Espagne et cruautés que commettent les Espagnols. — Préparatifs de défense des insurgés en Andalousie et organisation de la junte de Séville. — Dupont marche sur Cadix, à la tête de 11,000 hommes seulement pour réprimer le soulèvement de l'Andalousie. — Arrivée de Dupont à Andujar. — Observations relatives aux accusations portées contre le général Dupont au sujet de la Capitulation de Baylen. — Texte de l'acte d'accusation porté contre le comte Dupont par ordre de l'Empereur. — Combat d'Alcolea. — PRISE DE CORDOUE. — Mesures employées par Dupont pour arrêter le pillage de cette ville et rétablir l'ordre. — Emploi des fonds saisis dans les caisses publiques de l'insurrection. — Dupont se retire à Andujar pour attendre les renforts qu'il a demandés à Madrid. — Affaiblissement des divisions françaises et privations que souffrent les soldats. — Cruautés commises par les Espagnols sur des détachements du corps de Dupont. — Expédition de Jaën. — Expédition de Val de Penas. — Savary, duc de Rovigo, remplace à Madrid le grand-duc de Berg. — Ordres du duc de Rovigo au général Vedel. — Vedel marche au secours de Dupont. — Arrivée de Vedel à Madrilejos avec sa division. — Lettre de Dupont à Vedel, du 23 juin 1808. — Vedel bat à Despena-Perros un corps espagnol qui interceptait le passage de la Sierra-Morena. — Lettre de Dupont à Vedel, du 28 juin. — Arrivée de Vedel à Baylen. — Organisation de l'armée espagnole commandée par le général en chef Castanos. — 2e lettre de Dupont à Vedel du 28 juin. — Expédition du général Cassagne sur Jaën et combats des 2 et 3 juillet. — Lettre de Dupont à Vedel, du 2 juillet. — Vedel fait occuper le poste de Mengibar par le général Liger-Belair. — Lettre de Dupont à Vedel, du 10 juillet. — Plan d'attaque concerté par les généraux espagnols. — Arrivée de la division Gobert à Baylen. — 1re attaque du général Reding à Mengibar. — Lettre de Dupont à Vedel, du 13 juillet. — Idem, du 15 juillet. — 2e attaque de Reding à Mengibar. — Castanos s'établit en force en face d'Andujar. — Dupont demande du renfort à Vedel. — Castanos attaque Andujar. — Vedel part de Mengibar pour Andujar avec sa division. — 3e attaque de Reding à Mengibar. — Liger-Belair se replie. — Le général Gobert accourt de Baylen à son secours. — Combat dans lequel ce général est frappé mortellement. — Les troupes de la division Gobert se retirent à Baylen sous le commandement du général Dufour. — Texte des dépêches du duc de Rovigo au général Dupont. — Ordres de Dupont à Vedel, le 16 juillet. — Vedel part d'Andujar pour joindre le corps de Reding et le rejeter de l'autre côté du Guadalquivir. — Arrivée de Vedel à la maison de poste. — Lettre de Dupont à Vedel, du 17 juillet, 11 heures du matin. — Arrivée de Vedel à Baylen et sa lettre à Dupont, le 17 juillet. — Reding repasse le Guadalquivir à Mengibar. — Lettre de Dupont à Vedel, du 17 juillet. — Dupont donne ordre à son corps de se tenir prêt à partir d'Andujar au premier avis. — Jonction de Vedel à Guarraman avec Dufour et Liger-Belair. — Lettre de Vedel à Dupont, le 17 juillet à 10 heures et demie du soir. — Vedel rappelle de Baylen le général Kavrois qui gardait la communication. — Vedel arrive à la Caroline et apprend que l'ennemi n'a pas fait de mouvement vers les gorges. — Lettre de Dupont à Vedel du 18 juillet, 7 heures et demie du matin. — Castanos arrête définitivement le projet d'attaque contre

— 285 —

l'armée française. — Dupont lève le camp d'Andujar et opère sa retraite sur Baylen. — Ordre de marche. — Reding et Coupigny repassent le Guadalquivir à Mengibar et se postent à Baylen à la tête de 25,000 Espagnols, dans le dessein de renfermer Dupont entre leurs troupes et celles de Castanos restées sur les hauteurs d'Andujar. — COMBAT DE BAYLEN. — Arrivée du général espagnol La Pena sur les derrières de Dupont à la tête d'un corps de 18,000 hommes. — Dupont, pris entre deux feux, après dix heures d'un combat inégal, obtient un armistice de Reding. — La Pena consent à reconnaître l'armistice après beaucoup de difficultés. — Vedel part de la Caroline et arrive à Guarraman. — Fatal repos de Vedel à Guarraman. — Départ de Vedel pour Baylen. — État par journées et par heures de la marche de la division Vedel pendant les 15, 16, 17, 18 et 19 juillet et nombre de lieues qu'elle a parcourues. — Vedel arrive à Baylen et attaque les Espagnols du corps de Reding qui se reposaient sur la foi de l'armistice. — Dupont ordonne à Vedel de cesser son attaque. — Etat de fatigue du corps de Dupont. — Dupont envoie le capitaine de Villoutreys à Andujar, auprès de Castanos. — Le lieutenant général comte Marescot se rend auprès de La Pena. — Délibération des généraux et officiers supérieurs du corps de Dupont rassemblés en conseil de guerre. — Texte de cette délibération. — Le général Chabert, fondé de pouvoirs de Dupont, le lieutenant général Marescot et le capitaine de Villoutreys, écuyer de la maison de l'Empereur, en qualité de témoins, se rendent auprès de Castanos, à la maison de poste, pour négocier le passage des troupes françaises à travers la Sierra-Morena pour retourner à Madrid. — Dupont ordonne à Vedel d'opérer la restitution des prisonniers, drapeaux et canons qu'il a enlevés aux Espagnols. — Dupont fait prévenir Vedel de se tenir prêt à opérer sa retraite. — Vedel, par un malentendu, commence sa retraite et quitte Baylen. — Dupont lui enjoint de s'arrêter et de ne se retirer qu'à la nuit. — Négociations à la maison de poste. — Les envoyés de Dupont obtiennent que les troupes françaises se retireront dans la Manche avec armes et bagages. — Castanos, au moment de signer cette convention, reçoit les dépêches du duc de Rovigo prises sur M. de Fénelon, dans lesquelles Savary ordonnait impérativement à Dupont de repasser la Sierra-Morena avec ses divisions. — Castanos refuse de signer la première convention. — Suite des négociations. — Texte de la CONVENTION D'ANDUJAR appelée improprement CAPITULATION DE BAYLEN. — Articles supplémentaires à ladite convention. — Affreuse situation des soldats du corps d'armée de Dupont. — Reding se plaint à Dupont de l'infraction au traité et du départ de Vedel. — Lettre du général Legendre, chef d'état-major, à Vedel, le 21 juillet. — Nouvelles plaintes de Reding contre la retraite de Vedel. — Lettre du général Dupont à Vedel, le 21 juillet. — Vedel, arrivé à Sainte-Hélène, arrête la marche de ses troupes. — Retour du général Chabert auprès de Dupont; il lui apprend la conclusion de la convention. — Les troupes de Dupont se rendent prisonnières de guerre et celles de Vedel déposent leurs armes. — Le capitaine de Villoutreys est chargé de porter au duc de Rovigo, à Madrid, le traité conclu avec le général Castanos. — Lettre de Dupont au duc de Rovigo, le 21 juillet 1808. — Les troupes françaises commencent leur retraite vers le lieu d'embarquement. — Dangers et outrages auxquels elles sont en butte, pendant la route, de la part de la population espagnole. — Nouveaux articles additionnels à la Convention d'Andujar, consentis par la junte de Séville. — Lettre du général Morla à Dupont, le 10 août, en réponse aux reproches du général en chef touchant l'inexécution de la convention. — Dupont part pour le port Sainte-Marie avec son état-major. — Troubles à Sainte-Marie et pillage des effets de l'état-major général. — Les états-majors des divisions sont conduits au fort Saint-Sébastien. — Départ de Dupont pour la France avec les états-majors de son corps d'armée. — Arrivée de Dupont et de ses généraux dans les ports de Toulon et de Marseille. — Violation de la Convention d'Andujar par la junte de Séville, et horribles traitements que les Espagnols font subir aux prisonniers français................ Page   57

——o——

L'Empereur apprend les événements de Baylen. — Article du *Moniteur de l'Empire* concernant l'affaire de Baylen et le général Dupont. — Les généraux Dupont, Vedel, Chabert et Legendre, emprisonnés au fort Lamalgue et à Marseille. — Saisie de tous leurs papiers. — Extrait du rapport du duc de Feltre, ministre de la guerre, à l'Empereur Napoléon touchant l'examen des papiers saisis à Dupont et aux autres généraux. — L'Empereur décrète que les accusés seront traduits devant la Haute Cour impériale. — Les accusés sont transférés à Paris et emprisonnés à l'Abbaye. — 1809. Les accusés sont interrogés par le procureur général

Regnaud de Saint-Jean d'Angely. — 1810. Dupont obtient d'être transporté de la prison de l'Abbaye dans une maison de santé à Clichy. — Rapport du procureur général à l'Empereur sur l'instruction de l'affaire relative à la Capitulation de Baylen. — L'instruction de l'affaire est suspendue jusqu'en 1812. — Indignation des anciens officiers qui avaient servi sous les ordres de Dupont. — 1812. Dupont est de nouveau jeté dans la prison de l'Abbaye. — Extrait du rapport de l'archichancelier Cambacérès à l'Empereur, touchant l'organisation d'un Conseil d'enquête. — Constitution d'un Conseil d'enquête pour donner son avis sur la conduite et la culpabilité des accusés. — Composition de ce Conseil. — Compte-rendu du Conseil d'enquête. — Décision collective du Conseil d'enquête. — Décret de l'Empereur qui s'attribue le droit de juger et de punir les accusés. — Dupont est conduit au fort de Joux. — Opinion du général Foy touchant l'affaire de Baylen et la procédure ordonnée par l'Empereur. — Le Gouvernement détient dans un de ses ministères, où elles sont enfouies depuis 1812, les nombreuses pièces de cette ténébreuse et inique procédure, qui désormais appartient à l'histoire.... Page   215

RÉSUMÉ DE LA PROCÉDURE SUIVIE CONTRE DUPONT ET SES COACCUSÉS. . . . . Page   237

EXAMEN DES FAITS QUI ONT DONNÉ LIEU A LA CAPITULATION DE BAYLEN. — LES HUIT CENTS CHARIOTS ET FOURGONS DE BAGAGES DU CORPS D'ARMÉE DE DUPONT. — DUPONT A-T-IL TRAHI LA FRANCE ET L'EMPEREUR? — LA CAPITULATION DE BAYLEN EST-ELLE HONTEUSE ET AVILISSANTE POUR LES ARMES FRANÇAISES? — LA VIOLATION DE LA CAPITULATION PAR LES ESPAGNOLS A SEULE CAUSÉ LE MALHEUR DE DUPONT. Page   241

SUITE DE LA NOTICE HISTORIQUE ET BIOGRAPHIQUE SUR LE LIEUTENANT GÉNÉRAL COMTE DUPONT. — 1813. Dupont, transféré à la citadelle de Doullens, est ensuite envoyé en surveillance à Dreux. — 1814. Le Gouvernement provisoire invite

Dupont à prendre le portefeuille de la guerre. — Louis XVIII confirme ce choix. — Paroles flatteuses qu'il adresse à Dupont. — Ministère du lieutenant général comte Dupont. — Exigences innombrables contre lesquelles est contraint de lutter le nouveau ministre. — Il est remplacé par le maréchal Soult. — Dupont, exilé à quarante lieues de Paris, se retire à Doullens pendant les Cent jours. — 1815. Louis XVIII, à son retour, nomme Dupont membre de son conseil privé et lui accorde la grand-croix de l'ordre de Saint-Louis. — Dupont est élu membre de la Chambre des députés par le département de la Charente. — Travaux législatifs du général comte Dupont, depuis 1815 jusqu'en 1830. — 1840. Mort du comte Dupont. — Ses obsèques. — Ses écrits. — Ses mémoires. — Dupont et l'Arc de triomphe de l'Étoile. Page   271

Table des matières...................... Page   283

FIN DE LA TABLE DES MATIÈRES.

CARTE

d'une partie

DE L'ANDALOUSIE

pour servir à la relation des mouvemens du

corps d'armée commandé en chef par le L.ᵗ G.ᵃˡ

COMTE DUPONT,

dans la Campagne de
1808.

Français   Espagnols

Légende

1 Position des Français à Andujar, le 14 Juillet.
2 Position des Espagnols, le même jour.
3 Position de la division du Général Vedel le 15.
4 Position du corps Espagnol du Général Reding le même jour.
5 Marche de la division Vedel sur Andujar le 16
6 Position de la division Vedel à Andujar le 16 au soir.
7 Combat de Mengibar, entre la division Gobert et le corps de Reding le 16.
8 Marche de la division Vedel sur Baylen, dans la nuit du 16 au 17.
9 Marche de la division Vedel sur la Caroline le 17.
10 Position de la division Vedel à la Caroline le 18.
11 Position de la division Vedel à Guarroman le 19, pendant le combat de Baylen.
12 Position de la division Vedel le même jour après le combat.
13 Position des divisions Barbou et Fresia le 19.
14 Espagnols commandés par le Général Reding le 19.
15 Espagnols commandés par le Général Lapena le 19.

Echelles $\frac{1}{375,000}$

| 2000 | 1 | 0 | 2 | 4 | 6 | 8 | 10 | | 20,000 *Mètres* |
| 1000 | 5 | 0 | 1 | 2 | 3 | 4 | 5 | | 10,000 *Toises* |

1846.

B.R.

SIERRA MORENA
Grand Carbon
Defile Despena peros
Sta Elena
La Carolina
Vista del camino
Guarroman
Vilches
Arquillos
S.ta Bartolomé
R. Guadalimar
Baylen
Carros
Linares
Fuente Ris
Casas de Hurtado
Lupion
El Campillo
Rus
Camena
El Marmel
Espelui
Ybros
Villanueva
Bejixar
Canena
Arjonilla
Cazalilla
BAEZA
Torreperogil
Mengibar
Guadalquivir
UBEDA
Arjona
Villargorda
Torrequebradille
Garcus
Ximena
Jodar
JAEN
Mancha Real

9 782329 144115